To all those who dare to "mira el mapa" and choose the land of the free, home of the brave…we welcome you.

Andrea Bitner is a proud mother of two beautiful daughters and lives on the East Coast among some of the fastest-speaking people in the country! She has worked with students in grades K-12 through her twenty years in public education from all around the world. Her work as an ESL Instructor, Reading Specialist, Literacy Coach, Presenter, and English Teacher inspired her to continue to share the great news: Learning a second language is an asset, not a handicap! She hopes to inform, influence, and inspire all readers and leaders to accept, respect, and admire any ELL student that crosses their path.

Andrea Bitner

TAKE ME HOME

AUSTIN MACAULEY PUBLISHERS™

LONDON • CAMBRIDGE • NEW YORK • SHARJAH

A CIP catalogue record for this title is available from the British Library.

ISBN 9781398418912 (Paperback)
ISBN 9781398418929 (ePub e-book)

www.austinmacauley.com

First Published (2021)
Austin Macauley Publishers Ltd
25 Canada Square
Canary Wharf
London
E14 5LQ

Translated by Professor Erin Zoranski

Table of contents

Siempre Estoy Orgulloso de Ti

Introduction

When the train hit, we all felt it. Maybe not physically...but with a tidal force that rapidly unearthed a pain that none of us were ready for. From Ghana to Ecuador, Benin to El Salvador, Lebanon to Taiwan, Gujarat to China, Burma to Kenya...we were wounded. This jolt of agony travelled in a variety of paths—text, phone call, social media, police visit, or in person. Yet in no matter what language we received the news, it didn't seem tangible. Nancy was dead. نانسي كانت ميتّة. *Nancy était morte. ને સી મરી ગઈ હતી. Nancy estaba muerta. Nancy estaba muerta.*

When I began teaching nineteen years ago, I had no idea that I would be blessed enough to, one day, work with families and teach students who were English language learners. For years, I met the most resilient, hard-working, determined, high school age dreamers! I had twenty-five different languages and students from all continents. I learned the value of home visits, spoke with parents, aunts, uncles, and grandparents. I sat with students while they cried over missing their country, shyly smiled over speaking their first words, and yelled with exclamation when they walked across that graduation stage, and were accepted into universities and the workforce. I learned the stories of their parents, their 'why' for coming to America, and their goals for the future. I worked with their teachers to teach them that language did not equal intelligence, and that our kids deserved an anxiety free place to learn at all times...and that as they accommodated and supported them, they would thrive.

Every day, when they entered our ESL classroom, they were slapped in the face with a banner that asked 'What's Your Plan?' This banner quickly became a yearly tradition. As students graduated from our program and entered college, trade schools, and work, we threw them a celebration on graduation day and they were finally able to place their coveted signature on that banner, along with a picture of where they were going next. 'What's Your Plan' became the mantra of our ESL family. They stood up for each other, encouraged each other, translated for the beginning level students, and studied together. In our classroom, they knew that surviving in America or returning to their country could not be their only plan.

I taught every member of the Lopez family...and in reality, they taught me more about the world than I could ever teach them. Sergio, my very first ESL student, graced my classroom...followed by Henry, Jeffrey, Jeffrey from Las Vegas, and finally Nancy. Nancy, the youngest and only female niece in the family was, like her brothers, a light in the world. At the age of eighteen, a few months after graduation, she died while walking on the train tracks a mile from our school. She never heard the Acela train that came from behind. Watching Nancy and her brothers graduate from school and thrive in the world was one of the greatest teaching moments of my career.

Planning her funeral, taking her parents who spoke no English to identify their daughter, working with police, and planning and hosting her funeral for her parents was one of the most daunting but important experience I had ever had. The Lopez family, along with other students we have taught from all over the world, represent the bilingual garden that is blooming in America. Filled with layers of hope and despair...change and opportunity...resilience and growth...joy and fear. I am proud to say that I've seen them all...and they bloomed anyway.

I hope that the stories that lie ahead inform, influence, and inspire every American to recognize what I know for sure; learning a second language is an asset, not a handicap. When we look into the eyes of the garden-variety that surrounds us, let's water it with kind words, gentle ears, and supportive hands. Let's point them in a direction to thrive.

Nancy's hand was the last thing I held. The night before her funeral, I received an unexpected call from the coroner. I recognized the number immediately but was unsure why he was calling. "Ms. Bitner?" he quickly asked.

"Yes?" I responded.

"I have an idea."

Nancy's parents had been begging to see her. The train had severed her into parts and, through teary eyes, the funeral director and I had shared with them days before that seeing their daughter to say goodbye was not going to be an option. The casket was going to be closed, and our hearts were broken. The community had showered Nancy's parents with support. At no time, over the three weeks that it took to host her funeral, were they left alone. Food, prayers, hugs, tears, money, and words of heartfelt sympathy poured in from every crevice of the earth. Nancy's father, a pastor, smiled through his tears and repeatedly whispered, *"Gracias para todos."* As I stood beside him each day and watched this tragedy unfold, I could barely speak out the word *'Gracias'*. Prayer and compassion for others were constantly radiated by Mr. Lopez. Now, it was his time to be the recipient.

Then one day, while Nancy's parents were wilting, it happened; the funeral director discovered a gift from above. Nancy's right arm and hand were intact. Her gold rings were still on her fingers, her nail polish was vibrantly pink, and her hand was ready for holding. "I can assemble her in a respectful way and have her hand ready for her parents to hold," he said. "Bring them over in an hour. I can cover her so that they can sit with her for a while... (I can give them the goodbye they deserve) ...*Puedo darles el adiós que se merecen!*"

Walking Señor and Señora Lopez into the tranquil, dimly lit room was one of the most daunting moments of my life. I respectfully kept my eyes down and held Mama's hand to steady her so that she was able to make the walk to spend time with her baby girl. As I turned to leave the room and wait in the lobby, she turned to me and said,

"Señora Bitner, it's okay. You go first. Go see her. Talk to her. Hold her hand."

To this day, I can't articulate without choking tears back, how I survived that moment. Yet in that moment, kneeling behind Señor and Señora Lopez, I watched three amazing human beings exemplify the strength to come to America, separate their family for years, work towards getting visa, learn a new language, and then...hold that beautiful, vibrant hand with sparkly pink nail polish and golden rings and know that the very next day, it would be passed on to hold with the higher power above her.

For that, and for many, many other lessons that I have learned from the English language learning families that I have had the honor to work with, I am forever grateful. I hope that the words that lie ahead of you in this text inspires you to do what Nancy and the other students asked of me.

"Ms. Bitner, *Mira El Mapa!* Look at the lives of others. Consider each of their experiences. Realize just how big the world is out there…and in every instance, choose to look ahead of the stage of language learning they are in, to help them grow."

Facing the Sun

Kumasi, Ghana

5,050 Miles from Philadelphia

The chauffeur arrived at 7:00 am to inform Navigate and his grandfather, Constant, that he was there to pick them up for their daily journey. 50 Cent songs hummed in the background, and visions of New York City danced in the border of Navigate's mind. *America!* he thought. *I'm returning to America!* He had stayed in this vast country for a month, once before. After all, he had uncles in two of the most popular places in the country: New York City and Boston. Who wouldn't want to go?

Navigate's father was already established in amazing America and had patiently waded through the mountains of visa land to bring his wife, daughter, and son to join him to this astounding place. As he packed his bags and had them placed in the car, his heart winced on the inside. At ten and a half years old, he knew that this ride was his last one through the city of Kumasi for years to come.

Every day, for ten and a half years, Constant had supportively watched him stroll through the afternoon door after a hard day's work at school. With Mom teaching nearby, and Dad in America…Constant's guidance supplied the emotional water he needed so that his childhood stayed hydrated. *"Krado?"* his grandfather whispered.

"Can't you join me?" Constant hoarsely asked.

"I wish I could," Grandfather acknowledged. "I am too old, and my legs are no good. Go on. You can do this, and I am always here for you." Navigate gulped, looked at the warm embrace of the Ghanaian sun, and hid the sad song that was joining the border of his mind.

"Ywi," **he answered.**

Lights Out

Byblos, Lebanon
5,680 Miles from Philadelphia

Hellen Keller once said, "The only thing worse than being blind is having sight but no vision." Switch was planted firmly in Lebanon until the day his mother decided that in order for him to grow…he needed to put his boots on the ground. For sixteen years, she waited for the opportunity to send him to the place where the light of prosperity was almost blinding: America! She knew that the sacrifice of sending her fifteen-year-old son on his first plane ride, alone, would dim the daily happiness in her heart, but the opportunity to transform him into a successful, independent, responsible young man had finally arrived on her doorstep. Visa Land said نعم! It was time for Switch to ascend.

With an address book in hand, Switch walked off the plane ramp and into the Philadelphia airport. He looked around for signs in French, Arabic, or English. Years of excellent education in Lebanon had prepared him for this, and he was ready to take on all that his mother had hoped for him.

Où est tout le monde? he thought. He waited and waited but no one came. *Qu'est-ce que je vais faire?* **'*Qu'est-ce que je vais faire!?*'** Switch's eyes welled with fear. No one was coming! Frantically, he ripped out the address book that his mother had given him. He tore through it, page by page, until he discovered the name 'uncle'. As he called the number listed to this stranger, Switch's sixteen years of security abandoned him with lightning speed. It was in this moment that his life changed forever.

From Peek to Peak

San Salvador, El Salvador
3,320 Miles from Philadelphia

When a school teacher taught Grit English in his country, he assured her he would never use it. "Why do I have to learn this?" he scoffed. "I'm never leaving my home! *¡Es ridículo!*" Grit had never peeked at the possibility of leaving El Salvador. He and his brother, Fuel, lived happily in separate households. Grit hung out with cousin Nancy and was cared for by his aunt while Fuel roamed the streets with friends and spent his evenings resting at his grandmother's casa. When Grit opened his jubilant eyes on the warm, sunny morning of November 28, he had no knowledge that his pledge to dismiss English and anything American related, was about to strike down and shred the very fabric of the life that he knew best.

Fuel saw the storm approaching first. He and his brother were asked to visit his grandmother's house in the country. When they arrived, his grandfather was crying. *"¿Qué pasa?"* he asked. *"Pero que te pasa?!"* Yet no one would answer. Unsure about what was happening, his trained, street-smart eyes began scouring the room. Tucked away among grandfather's tears were two jackets, two bookbags, and two pairs of shoes.

As he pieced the puzzle of this day together, he realized that the 'coyote' he had seen waiting nearby was there…for them. He had no time to ask questions. He had no opportunity to gather his treasures. He had no time to grab his younger brother and make a run for it. He knew, in that moment, that his gas tank was empty. This man was here to take them to the U.S. Their foundation had crumbled, and a storm was swelling. Heavy tears rolled down the faces of all who were gathered in grandmother's house that day. Fuel and Grit realized *Nunca volveré a ver a mi abuela. Nunca volveré a ver a mi país. Nunca, nunca más. Never, ever, again.*

Grit grabbed his older brother's hand and walked to the 'coyote' waiting for them. At the ripe age of 12, he knew there was no turning back. Thousands of dollars had been saved and sent to bring them to America. His courage was going to have to lead him now. His eyes were wide open. He took his last glance at the little casa in the country and grabbed his grandmother's hands. Rain poured from his heart to hers. *Goodbye El Salvador. Hasta que te vea de nuevo.*

As he and Fuel walked away, his heart burst. He prayed for the only idea he could summon…that the journey ahead of them would lead him to his greatest peak.

Head First

Hualien City, Taiwan

7,883 Miles from Philadelphia

Dreams are best pursued by diving in head first. Plunge knew this. Education in America was calling her name, and she couldn't swim there fast enough! As a shy, young Asian teenager, she was ready to try a new school system. She was born in America which allowed her to have dual citizenship in two countries...but never remembered the American experience. When the exchange program came calling fourteen years later, she knew (this was) it! 是的, 這是 IT!

With her Hi-Chew tucked in her pocket and her shaky English ready for launching, she sat down at the noisy cafeteria table. Senior members of the program had encouraged her to bring this treat to share with others. Today was her first day in a new high school, and the chance to learn about the fish in her sea was feverishly knocking! Plunge was elated to begin confirming or denying all of the schools of thought that had fluttered through her mind. *Were the TV shows true? Was America the diverse, welcoming, wealthy, safe place that people fought to live in? ...with less earthquakes than in Taiwan?* As she struggled to find her voice, she remembered the reassuring words of the other Asian exchange students who came before her. "Try your English!" they encouraged. *"试试 你 的 英 语!* (Share your Hi-Chew!)"

Plunge's eyes wandered to a few friendly face she had seen in her most confident class of the day: Math. "It's now or never," she whispered to herself. "This is your new home for the next three years. (Speak English) ...说英 语!"

Some people say that life is like the ocean. It can be calm or still, rough or rigid but in the end...it is always beautiful. Plunge learned all of this during her voyage through the warm and cold tempered waters of the US. No matter how many times she felt like she couldn't swim one more lap...or when the kids at the lunch table spit out her Hi-Chew and made fun of her English...she quietly found the beautiful answers to her questions.

Out of Bounds

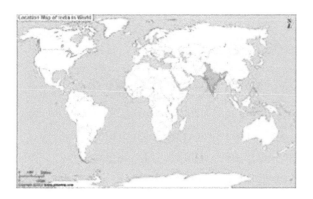

Ahmedabad, Gujarat, India
7,610 Miles from Philadelphia

"Run! Run! Run!" Chance screamed. He and his teammates were on the brink of winning their last cricket match of the year. They had scored runs of 1s, 2s, 3s, 4s, and were attempting to put the game away with a 6. He wanted to win so badly! The final seconds ticked away on the brightly lit match clock. Chance sped past his largest rival, number ten. The wise guy had taunted him all game long. Neck and neck, they both ploughed towards the property ground. His teammate forwarded the ball. It flew in the right direction, smacked against Chance's stick, and marched out of bounds.

"બોલ બહાર છે! (The ball is out!)" shrieked the arrogant, joyful, wise guy, wearing jersey number ten. "બોલ બહાર છે! (The ball is out!)" Chance's eyes roared in disbelief. Match over.

As Chance boarded the plane, the very next day, to travel to the US, he revisited the last moment of his cricket match. It was ironic that number ten had caused Chance's misfortune. Ten seemed to be the number that was most precious to him. Just ten months ago, his family had applied to move to the US and had recently received word of their acceptance! For the next twenty-seven hours, he would be on a plane, preparing for a new playing field: America.

Equipped with three languages: Hindi, Gujarati, and English, his entire family, and a chest of hope to build his personal and professional dreams, he was open and excited about the welcoming arms that this grand land placed upon all of them. *Senior year in America?* he thought. એમેરિકામાં 12 મા ધોરણ! As he embarked on this new season, Chance made a promise to himself…that no matter what, for the next ten months, he would never let anyone push him, or his new purpose, out of bounds. Little did he know that the most challenging phase of his life was just waiting for his team's arrival.

On Common Ground

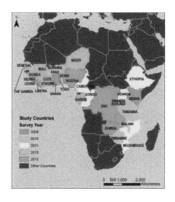

Kigali, Rwanda...7,104 Miles

Nairobi City, Kenya...7,426 Miles

Port Novo, Benin...5,281 Miles from Philadelphia

"Yes!" the town cheered in unison. *"Ndio!"* Surge stood at the top of the hill he resided on and smiled. The message was clear: The electricity had come on! Once a week, Surge's town was afforded this gift. It lifted their spirits and charged their faith.

Living without daily electricity and sporadic running water was not an easy feat.

Drinkable water was sometimes an hour away. Rain water was collected for household tasks. Rwandans worked together to support the missions that needed to be fulfilled to help each other thrive.

The genocide was not far from their memories. Eight hundred thousand people had been murdered over a period of six weeks. Machetes, clubs, and sticks with nails may have scarred their bodies but not their spirit. Survivors stood together on the bones of the past and stepped with strong arms to embrace their future. In Rwanda, enthusiasm was the electricity of life. Surge gazed at the rising sun. *Ibyiza biri imbere* he thought. *Good things are ahead!*

To the east of the hills of Surge's village, just one thousand one hundred and seventy kilometers away, Charge awoke and smiled. It was time to rise up and greet his city day with his nine roommates in boarding school. *"Ngeithi cia rũcinĩ!"* he said as he stepped over Kenny's bunk bed. *"Wemwega,"* Kenny hoarsely mumbled back. Understanding that his roommate was not going to join him in committing to the rule of being on time, Charge swiftly left his dorm. If he didn't, then a caning or extra chore would surely be unleashed. Boarding school students moved through each day on a strict schedule. From 8:00 am to 5:00 pm, every minute was planned, and every day was on repeat: prep time, classes, free time, homework. Dinner, homework, lights out.

If Charge was able take vacation and fly sixteen hours west, he may have met Volt. Volt was supposed to go to the US when he was one year old. Eleven years later, he was welcoming his parents during their visit to Benin. He looked forward to seeing them every two or three years. Uncle's large mansion casts a beautiful shadow upon the father and son reunion. Bread, tea, and eggs had been set out for breakfast, and he was excited to enjoy this time. Volt had lived in Benin since he was born with twenty of his uncles, grandparents, aunts, and cousins. He happily hopped across the hopscotch board and kicked the soccer ball.

"Are you ready to go with us to the US?" Dad asked. Volt looked at him blankly.

Dad often tried to speak to him in English, but Volt was only able to respond in French. "Êtes-vous prêt à partir aux États-Unis?" Volt processed this question slowly. Vibrations of nerves thrusted to his fingers and toes. Was he ready to leave his Tata and Tonton? He knew that his father wanted him to produce words in English to the question that he asked…but his mouth felt like it was filled with cotton, and they couldn't maneuver their way out. Why does English seem so hard? Volt thought.

As he was mustering up the strength to respond, Dad quickly smiled. "Don't worry, my son. It's not time yet. But soon you will fly over alone, to be with mother and I. We have worked hard to prepare the best life there for you." His father embraced him and whispered, *"Dieux c'est toujour Ce qui fais."* The entrapment of cotton in Volt's mouth vanished. His nerves settled.

"Oui," he said. "God always knows what he is doing."

Surge, Charge, and Volt had all heard of 'the good life' in America. Corruption didn't exist. Money was easy to earn. Education was excellent. Opportunity was abundant. Famous institutions such as Harvard, Princeton, and the University of Pennsylvania had created a craving in their palettes, years ago. The prestige, complexity, and opportunity that life in America offered a common ground that Kenya, Benin, and

Rwanda could not compete with. The desire that burned within Surge, Volt, and Charge was flickering. A few years later, when their documents to join America arrived...it was scorching. Although they didn't know each other at that time, their paths were conspiring to combine them on a direct current to the same American town 11,946 km away! '(Yes) ...*Ndio!* Good things are ahead!' Yet the moment they exited their planes...their enthusiastic fuse was fiercely interrupted.

Net Worth

Ecuador

Cuenca, Ecuador

2,969 Miles from Philadelphia

Evidence was a product of division. *"Hola Pa!* Did you bring my spaghetti with tuna?" It was 12 noon, and Dad picked her up from school for her daily lunch break.

In Cuenca, students left school grounds to eat *almuerza* with their parents. When Dad dropped her off to Mom, she knew she would see him again for volleyball practice. Evidence's parents were divorced, and Papa's daily smile and send off provided extra warmth to her day. She adored her parents!

Nearby was Cuenca Canopy, the family zip-lining business. Evidence's grandparents created this amazing opportunity for travelers to Ecuador, and she enjoyed spending time there when she could. Although most of her days were peacefully divided between school, home, the canopy, and Dad's, Evidence looked forward to one holy segment of heaven: volleyball practice! from 3:00 pm to 5:00 pm, surrounded by mountains, cool weather, and beautiful scenery, Evidence practiced with her team and perfected the game of volleyball.

She was known as one of their top players. All of the players in Evidence's life, including her family, had taught her that it was the 'we', and not the 'me' approach that perpetuated eternal success. Although she bounced to various places throughout each day, they had designed a culture to support her, no matter what. When her mother was given a visa to spend six months working in Ecuador and six months working in the US, it was not a decision she took lightly.

She had an excellent job as a secretary. Could there be more opportunities for her and her precious daughter in a land she had never encountered? Was she willing to take on a language barrier that would cause more sweat and tears than any other condition? Her palms were already clammy, and her heart was racing. Where was the proof that uprooting her daughter would provide her with the spike of her life? Why would she want to consider opening the door to a life of less 'we' and more 'me'?

No family was living there. *Su hija* was at a delicate age of fourteen. Would moving her to the US decimate her net worth? As Evidence's mom deliberated all of these fears, she took a deep breath. With powerful hands, she checked 'yes' on the visa form, and enrolled her family into the margin of risk. Mama looked up at the mountains around her and repeated the words that she often used to encourage her daughter, *"Respira, mi hija...respira."* She kneeled down...made the sign of the cross, and prayed that as she broke the news to her precious Evidence, her gains would outweigh her loss.

Fourth Quarter

Philadelphia, Pennsylvania
0 Mile from America

Re Lita Clarke said, "If you can see it, you can be it." Navigate definitely felt seen.

He just had no idea, quite yet, as to what he was supposed to 'be'. Students in his new high school had been staring at him all morning. He was the only African student in his class, and no one had spoken to him for the past 180 minutes. Like a racetrack, thoughts flew through his mind, one by one. *What are they saying? Does anyone here speak Twi? Why is that writing not in print? Where is my teacher pointing for me to go? Will she be coming by my home later to teach me everything that I'm not understanding today? That's what my teachers in Ghana did. 'I MISS Ghana. (Mafe Ghana!) I MISS my grandfather. (Mafe Me nabarima!)'*

Switch was lonely as he walked through the doors of school that morning. He also knew no other students who spoke French or Arabic. He didn't have an address book of friend options. He had been learning to work at night in his uncle's pizza shop, and was looking forward to the entertainment that a new school could provide for him.

As he heard the English swirling around him, he wondered if he could ask people to '(slow down) ابطئ". As he sat down in his first class, announcements blared onto the corner television. People were saying things like 'Buc Pride, go hard or go home, soph hop, and homecoming'. Switch understood that a new language was going to be a mountain to climb, but what in the world was a soph hop? Where were they jumping to? And, by the way, why would his classmates need to have something hard in order to go home?

Fuel and Grit wandered into the halls of this building and smiled. It had been six months since they had attended school in any country, and they had truly been enjoying the time off. Their fifteen-day journey to the US had included stops in Mexico, police pay-offs, cold nights, hypothermia, waiting in trailers, traumatic sights, and a final crossing with twenty-eight other hopeful refugees. It had been eleven years since they had seen their dad, and five since they had placed their arms into Mom's. Grit spent months peeking out the window, watching kids walk to school each day, and he just knew that one day, they would be his friends too.

When the chance to go to school arrived, they were elated. Both boys had earned their names in El Salvador long before their unexpected trip to the US; they welcomed new challenges. They were ready to take on a new adventure, and anxious for *Que No Pare La Fiesta! party time!*

As Grit and Fuel wandered through the hallways, they confidently sauntered over to a group of beautiful young ladies eating lunch. Fuel boldly spoke first. "Hello beautiful ladies! *Hablas Español?"* he asked.

Grit grinned and joined in. "(I like your eyes!) *Me gustan tus ojos."*

The girls giggled. "Si!" Fuel and Grit winked,

"Perfecto!" Lovingly, the conversation train ended there. On day one, they learned that the smile was their language of love and survival. They wandered from table to table, greeting as many blue-eyed new lady friends as this first day railroad trip would allow. In El Salvador, people had never seen blue eyes before. Weren't all Americans blue-eyed? As Grit viewed the eyes of each person around him, he realized that this was a myth. Peeking at them, a few feet away, was so much different than the view from his apartment window! A few moments later, a girl sardonically yelled,

"Dirty Mexican!" Grit smiled. He wasn't sure what she meant, but his face was beaming. No matter what she had uttered, he was happy. Finally, he had earned new friends.

As Plunge travelled through the noisy corridor to her class after lunch, hope was rapidly deflating. Her Hi-Chew strategy had failed miserably, and rejection felt like a tidal wave. She saw a few Asian students pass *by. Should I try to speak to them in Chinese?* she thought. She took a few steps to follow them. *Maybe I can listen to them talk first! Please let them speak Chinese… 'Please let them speak Chinese!'* Her heart wailed. One tall gentleman timidly made eye contact with her. *"你会说中文吗？"* he asked. For the first time that day, Plunge's excitement heightened.

"是!" she answered. "Yes, I do!"

"Come with me," he replied. "I know exactly who you should meet."

Chance sighed. Today, he had transversed from one uncertain move to another.

First, he arrived too early; at 6:30 am, then he sat nervously alone in the lobby. *Where is everyone?* he pondered. *Don't they start at 7:00 am like we do?* When he saw younger underclassmen start to enter the building at 7:10 am, he became more baffled. *Am I in the right place? I am a senior!* In Chance's school in India, only 11th and 12th grade students attended school together. This entire system they called 'education', in America, already made no sense to him.

As he found his first class, the teacher passed him his new schedule. *Why do I have gym, cooking, science, and social studies?* he thought. *And what in the world is ELA? I chose to study the stream of Science… Where are all of my Science classes!* To the right of the subject list was a grading scale. Chance's alarm level catapulted again when he saw the grade descriptions. A-90 to 100%. At V. R. Shah, the highest achievers earned 35%.

As he glanced at the desks around him, it was shocking to see classes so small. He was used to at least 40-50 students. When the odd sound rang to indicate a class change, Chance froze. *Where is everyone going? Why are they leaving? Don't the teachers rotate?* A sense of panic began to set it. Where was he supposed to go next? He gathered his books and tried his best to use the three languages he had learned to locate his next क ○ा. It was 8:30 am. At least he could head home at 1:00 pm…or then again, could he? (This was proving to be the longest match day of his life.) *यह मेरे जीवन का सबसे लंबा दिन है।*

Evidence smacked the volleyball across the court in gym class. It was the first time, all day, she had been able to connect with something she loved. Leaving her mother in the main office that morning felt like a crime. The caution tape had been eradicated, and she was attacking this first day the best she could. Unsuccessful feelings had lived on her shoulders until she saw that volleyball! A few girls came over and said, "Nice hit!" To Evidence, it sounded like 'Ish-Ish-Ish'. She smiled on the outside. Yet on the inside, the jury was still rendering a verdict on how long she would last in America.

Volt, Surge, and Charge were the first to find the English As A Second Language Classroom. Charge was thoroughly bewildered. Didn't this program plan each part of the day like his boarding school? He hadn't spoken all day which was odd for him. He missed talking. Surge bounded in after him, arms folded and shivering. He couldn't shake the blast of cold air that brittled his bones each winter morning. This weather never existed in Rwanda! The cotton in Volt's mouth hadn't been able to dissolve all day. Lots of students had asked him questions. Really strange questions like, "Did you live amongst the wild animals in Africa? So you have paved roads and cars, right? Did you have electricity?"

It was now 2:00 pm. All of the other students located the ESL classroom, slumped into chairs, and were secretly thrilled that their first day had ended. Their spirits were broken when their final teacher of the day entered the classroom. She was not surprised by what she saw. Silent thoughts. Heads resting on arms. Eyes weary and filled with defeat. Personalities stolen. Hope lost.

Yet in that same moment, she smiled. She knew that the fourth quarter or final journey in their opportunity, here in America, was just beginning. She knew that the victories, challenges, triumphs, and failures that they would experience over this chapter, before they headed into the adult world, would prepare them to accomplish all that their families had hoped for. They weren't allowed to close that chapter today. They just didn't know it 'yet'.

As she took a gander at this colorful, resilient, sharp, and powerful group of young people. She knew that the team she had prepared to lead them was ready. She pulled out four quarters and placed them on the table. She wrote one word under each: reading, writing, listening, and speaking—how to speak English. The student's eyes grew wide, and they engaged in interest. A few smiles even began to peek from under their frowns. She then began writing on the board. While she wrote the words, she said, "Welcome to ESL. I am your (teacher). *Maestra. Professeure. Mudaris.* مدرس *Adhyaapak.* अ ○पक, *Lǎoshī.* 老师."

Today, you have gone through a brain strain. You have listened to 150 words per minute, in a different language, for the past six and a half hours. If my math is correct, that equals 58,500 words. I know you are tired. I know you feel weak. But I promise you, before you leave this classroom, you will have everything you need to make that first dollar. She pointed to a banner that hung neatly across the bulletin board. It boldly shouted, 'What's Your Plan?' She asked each student to stand. She then said, "In this school, we graduate. In this school, we give you the air that you need when you feel like this country and all that there is to learn is suffocating you. Take a good look at this banner. It is sacred to us. Others before you have earned the honor of signing it on graduation day. And one day soon, you will too. I am your teacher. From this day forward, (I am always proud of you). *Siempre estoy orgulloso de ti. Je suis toujours fier de toi.* أنا دائما فخور بك *我 一直 為你 感到 驕傲. मुझे हमेशा आप पर गव है*. I am 'always' proud of you."

Although not every word was understood in that moment, the energy in the room shifted. The nerves of Surge, Charge, and Volt simmered down. They began to speak French. Switch was thrilled. His brain strain was over! He exuberantly joined them and squealed, *"Attendre! Je parle français aussi!"*

Navigate gently stared at the group around him. For the first time today, no one was staring at him. Evidence looked up at Fuel and Grit and began to speak Spanish. Grit reminded her right away how much he loved her eyes! Fuel set his sights on Plunge. "Hello, beautiful! Do you speak Spanish? You know I'm from Taiwan too, right?" Plunge took the eyes that she had casted down all day and burst out laughing.

Chance glanced around the room and pulled out that schedule. "Teacher?" he said. "What in the world is a 90%?" Teacher smiled. The ice had been broken, and the clock was ticking. It was time to embrace America.

Back Pocket

When the train hit, we all felt it. Maybe not physically…but with a tidal force that rapidly unearthed a pain that none of us were ready for. From Ghana to Ecuador, Benin to El Salvador, Lebanon to Taiwan, Gujarat to China, Burma to Kenya…we were wounded. This jolt of agony travelled in a variety of paths—text, phone call, social media, police visit, or in person. Yet in no matter what language we received the news, it didn't seem tangible. (Nancy was dead). نانسي كانت ميتة Nancy était morte. ને સી મરી ગઈ હતી. Nancy estaba muerta. Nancy estaba muerta.

Embrace entered the accident scene, ready to assist the unit in saving her from this tragedy. His duffel bag was filled with devices ready to help. Helicopters hummed above, and ambulatory workers were running rapidly across the tracks. He sprinted with them. Gauze, splints, and vital sign equipment were ready to be discharged. As he approached the train tracks, officers waved him to come closer. His heart dropped as they shook their heads. The victim had died. "Name?" He asked.

"Nancy," they replied. "A young Hispanic female. We are working on finding the last name and then the family."

A few yards away lay Nancy's purse. Embrace headed in that direction and quickly gathered her belongings. He knew that these would be coveted memoirs for her parents. As he inspected the trinkets inside, he gasped. A college photo ID revealed her last name. She was his former classmate. Her signature was on that classroom banner, next to his. The tragedies, triumphs, and failures that she experienced now laid on those tracks. As a single tear rolled down his light skinned cheek, he knew that he would reserve time to grieve later. For now, he had to spring into action.

"I know this girl," he explained to the officer. "I am bilingual. Her parents are still learning English. They are not going to understand what has happened. This is going to be the worst moment of their life. Please… 'please' let me help them." Officer Stout's face melted.

"You are the answer I've been praying for," he replied. "I had no idea you were bilingual! Why didn't you share this with me before? How long have you been keeping this tremendous asset in your back pocket?"

For a brief second, Embrace's eyes twinkled. No one in the community had ever formally recognized his second language as an asset. He became prouder of his ability than ever before. Yet at the same time, his broken heart quivered with trepidation and empathy.

"You see that group of people over there?" whispered Officer Stout. "For the past two hours, we've been trying to communicate with them and share that their daughter has died. We don't even know if they are her parents. No one here speaks Spanish, and getting an interpreter in our small town is nearly impossible. Yes, yes, and yes. 'Please.' Help us help 'them'."

Embrace looked across the tracks at the weeping, confused, helpless family frantically pacing and begging, in Spanish, to please be permitted to go onto the train tracks. They weren't sure which one of their children had been hurt, but they knew that something was terribly wrong. He calmly walked towards them and prepared to break the news,

"Buenas tardes en familia. Mi nombre es Embrace, y soy un técnico de emergencias médicas. Estoy aquí para contarte, con el corazón roto, lo que ha sucedido hoy aquí. Su hija ha tenido un terrible accidente de tren.

Lamento mucho la muerte de tu hija. I am so very, very, sorry."💔

Made in the USA

Wilmington, Delaware
32.2 Miles from Philadelphia

Embrace was born in Wilmington, Delaware on May 18. His mother was from Uruguay, and his father was from the United States. From the moment he was born, his parents bestowed a precious gift of sharing their languages to make him bilingual. When he entered elementary school, sharing with friends that he spoke two languages became his favorite party trick! In his mind, he didn't look Hispanic. He didn't possess an accent. He was consistently accepted, never rejected, and assumed to be fairly intelligent. There were lots of kids in his school: black, brown, and white. Yet he always had an acceptance and awareness that his American peers did not; there was a huge world out there, filled with customs, languages, traditions, and beliefs that were different than his.

As he grew into a young man and opened his eyes to appreciating the plight of others, he wondered why his high school classmates often closed the door on learning about anyone, anything, or any place that was different from them. He was never officially scheduled for the ESL class that Nancy had participated in, but he was one of the proud students who was asked to visit. His appearances provided a safety net for Nancy and her peers to grow their English.

Each week, he would join them in practicing social questions, listening to their responses, and laughing...boy did they laugh! He and Nancy had become great friends. She was willing to try his *mate* tea, share lunches of *empanadas*, and celebrate his birthday with *miloja* cake. His encouragement was a light that helped her, and all of the ESL students, navigate their path to success. Her encouragement reminded him to continue to be proud of his favorite party trick!

There were other students, who were also bilingual and born in America, who he met along the way. Some of them needed to benefit from ESL class, and some of them didn't. Together, they realized at a young age that 'the beauty of the world lies in the diversity of its people'. And they celebrated it! In this classroom, Embrace confirmed that people who spoke different languages were not handicapped. They were gaining assets. He howled loudly with their teachers as they trotted across that graduation stage!

Embrace accepted that as they earned their first 'dollar', and joined the adult world, there would be others who would view learning English as a lack of intelligence. He was grateful that his parents had not instilled that trait in him. As he exited the school grounds on his very last day, he wasn't worried. He and his fellow alumni were looking forward to becoming a great force in the world to help change their minds.

Shine

The teacher stood in front of the procession of mourners who had gathered to honor Nancy. Humans of all ages, all races, all mindsets, and all walks of life sat weeping. It's ironic how tragedy creates this one-way street. Behind the teacher, images of Nancy's childhood looped over soft music, comforting the souls who were struggling to celebrate her life. Photos of her time with Mama, Papa, Leo, Grit and Fuel in El Salvador depicted an umbrella of happiness. The teacher motioned for Embrace to translate and join her next to the crisp, white, angelic space that Nancy was resting in.

With strong eyes, and a full heart, she began to speak.

"To us, Nancy's time in the US was cheated. But someone once said, 'Don't ever underestimate the impact you may have on someone else's life.' I, along with you, are members of an elite family who have had the honor of being impacted by the ripple of this vibrant, calm, resilient, and beautiful young woman. The calm waters that she exhibited to others never highlighted the storms that she withstood with her parents to knock on and enter the door of this country.

"Nancy was two years old when Papa made the brave decision to make a 22-day trek to the US. Through her childhood years, he and Mama ensured that he visited El Salvador when he could while providing a safe, trauma-less, fruitful life for his family. His time working and living in the US was not without sacrifice. As other parents and their children swirled around him, he would often weep for the moments he knew he was missing with his princess.

"When Nancy aged to a teenager, he and Mama knew that a new clock was ticking. Predators, who were waiting for the opportunity to recruit, traumatize, or kidnap teenagers at the ripe age of fifteen, began lurking in Nancy's neighborhood. Mama was attacked by a young gang member with a gun for money. Threatening phone calls began to cloud her days. Gangs became aware that Papa was in the land of the 'brother to the north.' They were primed and ready to aim at young Nancy. As Nancy turned fifteen, the parental alarm sounded: time was up.

"Nancy took on the journey of entering the land of the US with sadness and trepidation. She didn't want to come here. In her eyes, the 'brother to the north' was not a brother to her! Yet what was in the north was her papa. The idea of deleting the distance between them allowed her to embrace the opportunity to knock on a new door, a new language, a new school, and a new life.

"With 22 other Salvadorians, she and Mama packed a few items and slipped out of her country. The trip was long and dangerous. Lands of cadavers, bones, and *policia* followed their trail. Hours morphed into days without food or water. Mama and her princess found the courage to bury themselves in desert dirt for protection when needed, and resuscitate their

47

faith after hanging, for hours, on the bottom rack of an airless moving bus. There were moments when Nancy said, 'Just leave me here! I can't do this anymore!'

"Mama would reply, '*Canta   conmigo,   hija.   Pronto, también cantarás con papá.* (Sing with me, daughter. Soon, you will be singing with Papa too.)' Through exhausted eyes, Nancy's mother began to sing her favorite song, Creeré by Tercer Cielo, and renewed her belief in the words it presented."

As the teacher looked up to the tattered souls who stood before her, a tiny shard of sunlight began to beam across the room. Highlighted and nestled into various seats and stools, were the results of Nancy's impact. As Navigate melted into the chair in the back row, he cast his eyes up. He had taken the day off from his staff accountant position in the courthouse to honor his friend. It was her words of encouragement that had often helped him through those days when he felt like all eyes were judging him.

"Do you think she can hear us?" whispered Switch.

Navigate gently placed his hand on Switch's shoulder. "I do."

As Switch sent his prayers to heaven's newest angel, he thanked her for celebrating him on his coveted graduation day. That experience had propelled him with the confidence he needed to land success at Temple University, and rise to earn his current position as an engineer with the Department of Aviation. He knew that his words and thoughts were flying to her in this moment, and for that he was grateful.

Switch glanced over at Plunge. She and Nancy had been best friends. They tackled English with humor together, and felt safe sharing their daily school secrets. The video production career that Plunge was working towards was something she had shared with Nancy years ago. She knew that although this day was one of the most difficult that she had ever encountered, Nancy would want her to strive to reach her destination.

Tears poured from Evidence's sunken eyes. She had wanted to sit in the front row with Fuel and Grit, but their respectable dark suits and anguished looks shook her heart to its core. She had never seen her two buoyant favorite amigos so inconsolable. She knew that in this moment, they were pouring from an empty cup. They needed space to grieve. Her degree in International Studies could have never prepared her for this time in her life. She and Nancy had grand plans to travel the world together! In her honor, she would make sure she fulfilled those trips.

Surge, Charge, and Volt leaned against the far wall in the mourning space. Surge, now a senior internal auditor, struggled to account for the causes of this tragedy. His daily work with data always helped him make sense of the world. "Do you think that there were causes of the accident that have been unexamined?" he asked Charge. Charge's mental health training immediately moved to the forefront. He knew that there was no logic to explain to Surge why Nancy was suddenly called to a higher place. He smiled and quietly said, "I am so sorry you are hurting, man. We will get through this together."

Volt joined his comrades and agreed. Hearing the news of Nancy's death had hit hard. Playing soccer with her was one of his most favorite high school memories. While teaching his pre-school students, a voicemail from his teacher had asked him to give her a call. The conversation that followed immediately tormented his spirit. A few moments later, his pre-school students were hugging him and saying that they hoped his 'boo-boo' felt better very soon. The rest was a blur. He wondered how long it would take to heal.

As Chance slowly viewed the despair that was swallowing the room, he was reminded of an important quote. "Although it's difficult today to see beyond the sorrow, may looking back in memory help comfort you tomorrow." Before he attended today, he had thought of ways to comfort this community. As a manager and multiunit leader of the local Dunkin Donuts, he knew that food and coffee could soften, soothe, and celebrate any of life's moments. He was content that he could provide this small gift of solace to the sea of grief that gathered before him.

Grit screamed. He was supposed to have joined her on the train that morning. *"¿Por qué alguien me quitaría a mi hermana pequeña?* (Why would anyone take my little sister from me?)"* As a forklift operator, he was used to lifting heavy loads. Today, he had no machinery to heave the heavy burden on his heart. Fuel sobbed next to him. His life as he knew it had changed forever. As an auto mechanic, he knew how to assemble and cure any car that was malfunctioning. How was he going to repair this?

Within moments of the teacher finishing her sermon, both boys felt supportive arms form around them. It was in that moment of relentless grief that they realized their bilingual family was present. Their resilience was unbreakable. As always, they were ready to engage and steer each other through any tumultuous day that lay ahead of them. For the first time in weeks, Fuel and Grit drew in a large breath and smiled. The beam of light that they thought had disappeared forever, was still able to shine upon all of them. Nancy had reminded them of what they were in jeopardy of forgetting that when they worked together, this group was unstoppable.

Take Me Home

My dream was to come here
But little did I know
That today…yes, today…my guide would pick me up
Time to go.
Go where? I thought…this was truly a dream
For my ten-year-old life as I knew it was no longer what it
seemed.

1,450 miles ahead
Stood the mountain of opportunity that I desired…
1,450 miles ahead
Stood the flag that I always admired.

57 hours of riding in the car.
2 days of walking.
It didn't seem very far?
"Levántate!" he shouted. It's time to go through.
"Vámonos!" Mommy whispered, "I love you."

I took a moment to think about everything we survived –

Without showers, zero toys, and no car to drive.
We travelled many miles with the help of the smiling sun
With the comfort of soft rain drops, new friends, and
thoughts of our loved ones.

As that flag appeared closer and my new life was to be born
Mommy bent over and announced, "We'll see Papa in the
morn."

I smiled and thought of my 'papa' that I loved.
I had never met him, the man I was most proud of.
21,000 dollars was saved to bring us here.
He mailed us every penny over the last ten years.

Waiting for us…yes, he was.
Waiting for us…with eyes full of hugs.
'Apúrense' the guide messaged…our phones were on silent.
It was time to go through. Our final moment.

My ten-year-old heart pounded as fast as it could.
Held onto Mommy's hand, like I promised I would.
We strolled onto the welcoming land and walked a bit more.
Picked up by a van, a bit unsure.

"Buenas Noches!" Papa exclaimed as we pulled up to his
place.
Mommy sobbed tears of joy. They could finally embrace.

I looked around at this new life of mine.
No language, no traditions, not sure of what I would find.
This ten-year waiting period that we had endured.

Made some people think my adventure is to be ignored.

My hope is that one day, I will speak…
The English language I love, and gain an education I seek.
I miss my country, my family, my school.
This new place you call America has very different rules!
Please respect, accept, and admire the young person that I
am.
For my journey began with the same ideas, similar to those
of President Abraham.

A chance to meet friends, spread love, and grow.
A chance to join your world and share what I know…
That America is the home of the brave, and the land of the
free…
And my mami, papa, and I can finally be a family.

Epilogue
I Am Always Proud of You

Have you ever gotten caught in an unexpected rainstorm? You know, one moment the sun is shining and ninety seconds later a huge gust of wind blows, the skies open, and you are standing without gear, under thousands of raindrops that are pouring from the sky? Now, imagine that this scenario became your life...for months, or possibly a few years, eight hours a day...five days a week.

Ninety-one percent of the raindrops are in a language you are unfamiliar with. One hundred and fifty droplets are descending upon the left side of your brain per minute. By the end of the day, your left hemisphere has attempted to process at least 7,000 of them in a language you are learning. By the way, if you happen to land in Philadelphia, you may feel like you are surviving a daily *derecho*, because according to an article in *The Atlantic,* Pennsylvania ranks as the seventeenth fastest talking state in the country.

Each day, as you prepare for the storm, you become more equipped. For the first few years, while it's raining for hours, you look to others to lend you their extra-large umbrellas. They will translate, use less words and more pictures, answer your questions, flash a warm smile while the brainstorm is happening, and provide you with resources to help you when the storm pellets feel like heavy, crashing boulders. They will never leave you out to fend for yourself.

Know that in time, the storm will shrink in size and duration. As you wade through it, your umbrella will become your own. You will know when it needs to go up to ask for support, when it can hang on your wrist, just in case, and when it can stay in your car for months because there is no bad weather.

Trust that in time, the rain will strike your strong, experienced bilingual mind and rapidly evaporate. Ninety-one percent of the words you hear will be in a language you now understand. One hundred and fifty words per minute will process like sparkling light bulbs. By the end of each day, you will look forward to tomorrow's storm. For your life is no longer about surviving it…it's about dancing in it! No matter how long it takes you to learn how to dance, I am always, always proud of you.

M. Bitner

Introducción

Cuando el tren chocó, todos lo sentimos. Quizás no físicamente... pero con una fuerza de marea que rápidamente desenterró un dolor para el que ninguno de nosotros estaba preparado. De Ghana a Ecuador, de Benigno a El Salvador, de Líbano a Taiwán, de Gujarat a China, de Birmania a Kenia... fuimos heridos. Esta sacudida de agonía viajó por una variedad de caminos: mensajes de texto, llamadas telefónicas, redes sociales, visitas policiales y en persona. Sin embargo, no importo en qué idioma recibimos la noticia, no parecía tangible. Nancy estaba muerta. Nancy نانسي كانت ميتة était morte. નેન્સી મરી ગઈ હતી. Nancy estaba muerta. Nancy estaba muerta.

Cuando comencé a enseñar hace diecinueve años, no tenía idea de que algún día sería lo suficientemente bendecida como para trabajar con familias y enseñar a estudiantes que estaban aprendiendo inglés. ¡Durante años, conocí a los soñadores en edad de secundaria más resistentes, trabajadores y decididos! Tenía veinticinco idiomas diferentes y estudiantes de todos los continentes. Aprendí el valor de las visitas domiciliarias, hablé con padres, tías, tíos y abuelos. Me senté con los estudiantes mientras ellos lloraban por extrañar su país, sonreí tímidamente al decir sus primeras palabras y gritaban con exclamación cuando cruzaban ese escenario de graduación y eran aceptados en las universidades y en la fuerza laboral. Aprendí las historias de sus padres, el "por qué" para venir a Estados Unidos y sus metas para el futuro. Trabajé con sus maestros para enseñarles que el lenguaje no es igual a la inteligencia y que nuestros niños merecían un lugar libre de ansiedad para aprender en todo momento ... y que mientras los acomodaran y los apoyaran, prosperarían.

Todos los días, cuando entraban a nuestro salón de clases de inglés como segundo idioma, les abofeteaban con una pancarta que decía "¿Cuál es tu plan?" Esta pancarta se convirtió rápidamente en una tradición anual. Cuando los estudiantes se graduaron de nuestro programa e ingresaron a la universidad, las escuelas de oficios y el trabajo, les organizamos una celebración el día de la graduación y finalmente pudieron colocar su codiciada firma en esa pancarta, junto con una foto de adónde irían después. "Cuál es tu plan" se convirtió en el mantra de nuestra familia de ESL. Se defendieron unos a otros, se animaron, tradujeron para los estudiantes de nivel principiante y estudiaron juntos. En nuestro salón de clases, sabían que sobrevivir en Estados Unidos o regresar a su país no podía ser su único plan.

Le enseñé a cada miembro de la familia López ... y en realidad, ellos me enseñaron más sobre el mundo de lo que yo podría enseñarles. Sergio, mi primer estudiante de ESL, adornó mi salón de clases ... seguido por Henry, Jeffry, Jeffry de Las Vegas y, finalmente, Nancy. Nancy, la sobrina más joven y única de la familia, era, como sus hermanos, una luz en el mundo. A los dieciocho años, pocos meses después de graduarse, murió mientras caminaba por las vías del tren a una milla de nuestra escuela. Nunca escuchó el tren Acela que venía por detrás. Ver a Nancy y sus hermanos graduarse de la escuela y prosperar en el mundo fue uno de los mejores momentos docentes de mi carrera.

Planear su funeral, llevar a sus padres que no hablaban inglés para identificar a su hija, trabajar con la policía, y planear y organizar el funeral fue una de las experiencias más desalentadoras pero importantes que he tenido. La familia López, junto con otros estudiantes a los que hemos enseñado de todo el mundo, representan el jardín bilingüe que está floreciendo en Estados Unidos. Lleno de capas de esperanza y desesperación ... cambio y oportunidad ... resiliencia y crecimiento ... alegría y miedo. Me enorgullece decir que los he visto a todos ... y florecieron de todos los modos.

Espero que las historias que se avecinan informen, influyan e inspiren a todos los estadounidenses a reconocer lo que sé con certeza: que aprender un segundo idioma es una ventaja, no una desventaja. Cuando miramos a los ojos de la variedad de jardín que nos rodea, reguémosla con palabras amables, oídos amables y manos de apoyo. Apuntémoslos en una dirección para prosperar.

La mano de Nancy fue lo último que sostuve. La noche antes de su funeral, recibí una llamada inesperada del forense. Reconocí el número de inmediato, pero no estaba seguro de por qué llamaba. "Sra. Bitner?" preguntó rápidamente.

"¿Si?" Yo respondí.

"Tengo una idea."

Los padres de Nancy habían estado rogando por verla. El tren la había cortado en partes y, con los ojos llorosos, el director de la funeraria y yo habíamos compartido con ellos días antes que ver a su hija despedirse no sería una opción. El ataúd iba a cerrarse y nuestros corazones estaban rotos. La comunidad había colmado de apoyo a los padres de Nancy. En ningún momento de las tres semanas que llevó organizar su funeral se quedaron solos. La comida, las oraciones, los abrazos, las lágrimas, el dinero y las palabras de sincera simpatía brotaban de cada grieta de la tierra. El padre de Nancy, un pastor, sonrió a pesar de las lágrimas y susurró repetidamente "Gracias para todos". Mientras estaba a su lado todos los días y observaba cómo se desarrollaba esta tragedia, apenas podía pronunciar la palabra "Gracias". La oración y la compasión por los demás se irradiaban constantemente por el Sr. Lopez. Ahora, era su momento de ser el destinatario.

Entonces, un día, mientras los padres de Nancy se estaban debilitando, sucedió: el director de la funeraria descubrió un regalo de arriba. El brazo y la mano derechos de Nancy estaban intactos. Sus anillos de oro todavía estaban en sus dedos, su esmalte de uñas era de un rosa vibrante y su mano estaba lista para sostenerse. "Puedo reunirla de una manera respetuosa y tener su mano lista para que sus padres la tomen", dijo. Tráelos en una hora. Puedo taparla para que se sienten con ella un rato… puedan despedirse de ellos como se merecen… ¡Podrán darles el adiós que se merecen! ".

Llevar al señor y la señora López a la habitación tranquila y con poca luz fue uno de los momentos más desalentadores de mi vida. Respetuosamente mantuve la mirada baja y sostuve la mano de la mamá para estabilizarla y que pudiera caminar y pasar tiempo con su bebé. Cuando me volví para salir de la habitación y esperar en el vestíbulo, ella se volvió hacia mí y me dijo: "Señora Bitner, está bien. Vas primero. Ve a verla. Habla con ella. Sosten su mano."

Hasta el día de hoy, no puedo articular sin contener las lágrimas, cómo sobreviví ese momento. Sin embargo, en ese momento, arrodillándome detrás del señor y la señora López, vi a tres seres humanos increíbles ejemplificar la fuerza para venir a Estados Unidos, separarse de su familia durante años, trabajar para obtener una visa, aprender un nuevo idioma y luego ... mantener esa hermosa mano con esmalte de uñas rosa brillante y anillos dorados, y saber que al día siguiente, se pasarían sin sostener el poder superior sobre ella.

Por eso, y por muchas otras lecciones que he aprendido de las familias de English Language Learning con las que he tenido el honor de trabajar, estaré eternamente agradecida. Espero que las palabras que tienen por delante en este texto los inspiren a hacer lo que Nancy y los otros estudiantes me pidieron.

"Sra. Bitner ... ¡Mira El Mapa! " Mira la vida de los demás. Considere cada una de sus experiencias. Date cuenta de lo grande que es el mundo ... y, en cada caso, elige anticipar la etapa de aprendizaje de idiomas en la que se encuentran para ayudarlos a crecer.

Frente al sol

Kumasi, Ghana
8.050 millas desde Filadelfia

El chofer llegó a las 7:00 a.m. para informar a Navigate y a su abuelo Constant que estaba allí para recogerlos para su viaje diario. Las canciones de 50 Cent tarareaban de fondo y las visiones de la ciudad de Nueva York bailaban en el límite de la mente de Navigate. "America"! el pensó. "¡Regreso a América!" Había permanecido en este vasto país durante un mes antes. Después de todo, tenía tíos en dos de los lugares más populares del país: Nueva York y Boston. ¿Quién no querría ir?

El padre de Navigate ya estaba establecido en Amazing America y había vadeado pacientemente a través de las montañas de Visa Land para traer a su esposa, hija e hijo para que se unieran a él en este asombroso lugar. Mientras empacaba sus maletas y las colocaba en el automóvil, su corazón se estremeció por dentro. A los diez años y medio, sabía que este paseo era el último por la ciudad de Kumasi en los próximos años.

Todos los días, durante diez años y medio, Constant lo había visto pasar por la puerta de la tarde después de un duro día de trabajo en la escuela. Con mamá enseñando cerca y papá en Estados Unidos ... La guía de Constant le proporcionó el agua emocional que necesitaba para que su infancia se mantuviera hidratada. "¿Krado?" susurró su abuelo. "¿No puedes unirte a mí?" Preguntó Constant con voz ronca. "Ojalá pudiera", reconoció el abuelo. "Soy demasiado mayor y mis piernas no están bien. Seguir. Puedes hacer esto, y yo siempre estoy aquí para ti ". Navigate tragó saliva, miró el cálido abrazo del sol de Ghana y escondió la triste canción que se unía al límite de su mente. "Ywi", respondió.

Apagar las luces

Byblos, Líbano

9,680 millas desde Philadephia

Hellen Keller dijo una vez: "Lo único peor que ser ciego es tener vista pero no tener visión". Switch se plantó con firmeza en el Líbano, hasta el día en que su madre decidió que para crecer... necesitaba poner los pies en la tierra. Durante dieciséis años, esperó la oportunidad de enviarlo al lugar donde la luz de la prosperidad era casi cegadora: ¡América! Sabía que el sacrificio de enviar a su hijo de quince años en su primer viaje en avión, solo, atenuaría la felicidad diaria de su corazón; pero la oportunidad de transformarlo en un joven exitoso, independiente y responsable finalmente había llegado a su puerta. Visa Land dijo نعم! Era hora de que Switch ascendiera.

Con una libreta de direcciones en la mano, Switch salió de la rampa del avión y entró en el aeropuerto de Filadelfia. Buscó carteles en francés, árabe o inglés a su alrededor. Años de excelente educación en el Líbano lo habían preparado para esto, y estaba listo para asumir todo lo que su madre había esperado de él.

Où est tout le monde? el pensó. Esperó y esperó, pero nadie vino. Qu'est-ce que je vais faire? Qu'est-ce que je vais faire!? Los ojos de Switch se llenaron de miedo. ¡Nadie iba a venir! Frenético, arrancó la libreta de direcciones que le había dado su madre. Lo revisó, página por página, hasta que descubrió el nombre "Tío". Mientras llamaba al número que figuraba para este extraño, los dieciséis años de seguridad de Switch lo abandonaron a la velocidad del rayo. Fue en este momento que su vida cambió para siempre.

De Un Vistazo a Cima

San Salvador, El Salvador
5,320 millas desde Filadelfia

Cuando un maestro de escuela enseñó Grit English en su país, le aseguró que nunca lo usaría. "¿Por qué tengo que aprender esto?", Se burló. "¡Nunca dejaré mi casa! ¡Es ridículo! " Grit nunca había vislumbrado la posibilidad de irse de El Salvador. Él y su hermano Fuel vivían felices en hogares separados. Grit salía con la prima Nancy y su tía lo cuidaba, mientras Fuel deambulaba por las calles con amigos y pasaba las noches descansando en la casa de su abuela. Cuando Grit abrió sus ojos jubilosos en la cálida y soleada mañana del 28 de noviembre, no tenía conocimiento de que su promesa de despedir al inglés y cualquier cosa relacionada con los estadounidenses estaba a punto de derribar y destrozar el tejido de la vida que mejor conocía.

Fuel vio que la tormenta se acercaba primero. A él y a su hermano se les pidió que visitaran la casa de su abuela en el campo. Cuando llegó, su abuelo estaba llorando. "¿Qué pasa?" preguntó. "¡¿Pero que te pasa?!" Sin embargo, nadie respondió. Inseguro de lo que estaba sucediendo, sus ojos entrenados e inteligentes de la calle comenzaron a recorrer la habitación. Escondidas entre las lágrimas del abuelo había dos chaquetas, dos mochilas y dos pares de zapatos.

Mientras armaba el rompecabezas de este día, se dio cuenta de que el coyote que había visto esperando cerca estaba allí… para ellos. No tuvo tiempo de hacer preguntas. No tuvo oportunidad de reunir sus tesoros. No tuvo tiempo de agarrar a su hermano menor y huir. Supo, en ese momento, que su tanque de gasolina estaba vacío. Este hombre estaba aquí para llevarlos a los Estados Unidos.Sus cimientos se habían derrumbado y una tormenta se estaba gestando. Grandes lágrimas rodaban por los rostros de todos los que estaban reunidos en la casa de la abuela ese día. Fuel and Grit pensaron "Nunca volveré a ver a mi abuela". Nunca volveré a ver a mi país. Nunca, nunca más. Never, ever, again.

Grit tomó la mano de su hermano mayor y caminó hacia el coyote que los esperaba. A la edad de 12 años, sabía que no había vuelta atrás. Se habían ahorrado y enviado miles de dólares para traerlos a Estados Unidos. Su coraje iba a tener que guiarlo ahora. Tenía los ojos bien abiertos. Echó un último vistazo a la casita del campo y agarró las manos de su abuela. La lluvia caía de su corazón al de ella. Adiós El Salvador. Hasta que te vea de nuevo.

Mientras él y Fuel se alejaban, su corazón estalló. Rezó por la única idea que podía convocar ... que el viaje que tenían por delante lo llevaría a su mayor apogeo.

Cabeza primero

Ciudad de Hualien, Taiwán
7.883 millas desde Filadelfia

Los sueños se persiguen mejor sumergiéndose de cabeza. Plunge lo sabía. La educación en Estados Unidos la estaba llamando por su nombre, ¡y no podía nadar allí lo suficientemente rápido! Como una joven adolescente asiática tímida, estaba lista para probar un nuevo sistema escolar. Nació en Estados Unidos, lo que le permitió tener doble ciudadanía en dos países ... pero nunca recordó la experiencia estadounidense. Cuando llegó el programa de intercambio catorce años después, ¡supo que era el momento!是 的, 這 是 ¡ESO!

Con su HiChew en el bolsillo y su inglés tembloroso listo para el lanzamiento, se sentó en la ruidosa mesa de la cafetería. Los miembros superiores del programa la habían animado a traer este regalo para compartir con los demás. Hoy era su primer día en una nueva escuela secundaria, ¡y la oportunidad de aprender sobre los peces en su mar era febril! Plunge estaba encantada de comenzar a confirmar o negar todas las escuelas de pensamiento que habían pasado por su mente. ¿Fueron los t.v. muestra verdad? ¿Fue Estados Unidos el lugar diverso, acogedor, rico y seguro en el que la gente luchó por vivir ... con menos terremotos que Taiwán? Mientras luchaba por encontrar su voz, recordó las palabras tranquilizadoras de los otros estudiantes asiáticos de intercambio que vinieron antes que ella. "¡Prueba tu inglés!" alentaron. "试试 你 的 英语! ¡Comparte tu HiChew! "

Los ojos de Plunge vagaron hacia algunas caras amistosas que había visto en su clase más segura del día: matemáticas. "Es ahora o nunca", se susurró a sí misma. "Este es su nuevo hogar durante los próximos tres años. "Habla inglés ... 说 英 语！"

Algunas personas dicen que "la vida es como el océano. Puede ser tranquilo o quieto, áspero o rígido, pero al final ... siempre es hermoso ". Plunge aprendió todo esto durante su viaje a través de las cálidas y frías aguas de los EE. UU. No importa cuántas veces sintió que no podía nadar una vuelta más ... o cuando los niños en la mesa del almuerzo escupen su HiChew y se burló de su inglés ... silenciosamente encontró las hermosas respuestas a sus preguntas.

Fuera de los Límites

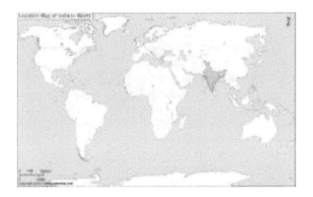

Ahmedabad, Gujarat-India

12,610 millas desde Philaelphia

"¡Corre! ¡Corre! ¡Corre!" Chance gritó. Él y sus compañeros de equipo estaban a punto de ganar su último partido de cricket del año. Habían anotado carreras de 1, 2, 3, 4 y estaban intentando poner el juego lejos con un 6. ¡Tenía tantas ganas de ganar! Los segundos finales transcurrieron en el reloj del partido brillantemente iluminado. Chance pasó a toda velocidad por delante de su mayor rival, el número diez. Wise Guy se había burlado de él durante todo el juego. Cuello a cuello, ambos se dirigieron hacia el terreno de la propiedad. Su compañero de equipo adelantó el balón. Voló en la dirección correcta, chocó contra el bastón de Chance y salió de los límites. બોલ બહાર છે! ¡La pelota está fuera! " chilló el arrogante y alegre Sabio, vestido con la camiseta número diez. "બોલ બહાર છે! ¡La pelota está fuera! " Los ojos de Chance rugieron de incredulidad. Ya terminó.

Cuando Chance abordó el avión al día siguiente para viajar a los Estados Unidos, volvió a visitar el último momento de su partido de cricket. Era irónico que el número diez hubiera causado la desgracia de Chance. Diez parecía ser el número más preciado para él. Hace solo diez meses, su familia había solicitado mudarse a los EE. UU. ¡Y recientemente había recibido la noticia de su aceptación! Durante las próximas veintisiete horas, estaría en un avión, preparándose para un nuevo campo de juego: Estados Unidos.

Equipado con tres idiomas (hindi, gujarati e inglés), toda su familia y un cofre de esperanza para construir sus sueños personales y profesionales, estaba abierto y emocionado por los brazos de bienvenida que esta gran tierra colocó sobre todos ellos. "¿Último año en Estados Unidos?" el pensó. એમેરિકામાં 12 મા ધોરણ! Al embarcarse en esta nueva temporada, Chance se hizo una promesa a sí mismo ... que no importa qué, durante los próximos diez meses, nunca dejaría que nadie lo empujara, o su nuevo propósito, fuera de los límites. Poco sabía él que la fase más desafiante de su vida era esperar la llegada de su equipo.

En Terreno Común

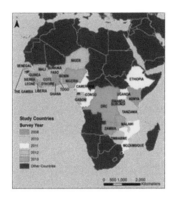

Kigali, Ruanda... 7,104 millas

Ciudad de Nairobi, Kenia ... 7,426 millas

Porto Novo, Benin ... 8,281 millas desde Filadelfia

"¡Si!" la ciudad vitoreó al unísono. "¡Ndio!" Surge se paró en la cima de la colina donde residía y sonrió. El mensaje era claro: ¡se había encendido la electricidad! Una vez a la semana, la ciudad de Surge recibió este regalo. Les levantó el ánimo y cargó su fe. Vivir sin electricidad diaria y agua corriente esporádica no fue una tarea fácil. El agua potable a veces estaba a una hora de distancia. Se recogiá agua de lluvia para las tareas del hogar. Los rwandeses trabajaron juntos para apoyar las misiones que debían cumplirse para ayudarse mutuamente a prosperar.

El genocidio no estaba lejos de sus recuerdos. Ochocientas mil personas habían sido asesinadas durante un período de seis semanas. Machetes, garrotes y palos con clavos pueden haber dejado cicatrices en sus cuerpos, pero no en su espíritu. Los sobrevivientes se pararon juntos sobre los huesos del pasado y dieron un paso con brazos fuertes para abrazar su futuro. En Ruanda, el entusiasmo era la electricidad de la vida. Surge miró el sol naciente. "Ibyiza biri imbere"… pensó. "¡Hay cosas buenas por delante!"

Al este de las colinas de la aldea de Surge, a solo mil ciento setenta kilómetros de distancia, Charge se despertó y sonrió. Era hora de levantarse y saludar el día de su ciudad con sus nueve compañeros de habitación en el internado. "¡Ngeithi cia rũcinĩ!" dijo, mientras pasaba por encima de la litera de Kenny. "Wemwega" Kenny murmuró con voz ronca. Al comprender que su compañero de cuarto no se uniría a él para comprometerse con la regla de llegar a tiempo, Charge abandonó rápidamente su dormitorio. Si no lo hacía, seguramente se desataría una paliza o una tarea extra. Los estudiantes del internado se movían todos los días en un horario estricto. De 8:00 a. M. A 5:00 p. M., Se planificó cada minuto y todos los días se repitieron: tiempo de preparación, clases, tiempo libre, tareas. Cena, tarea, luces apagadas.

Si Charge pudo tomar vacaciones y volar dieciséis horas hacia el oeste, es posible que haya conocido a Volt. Se suponía que Volt iba a ir a Estados Unidos cuando tenía un año. 11 años después, recibió a sus padres durante su visita a Benin. Esperaba verlos cada dos o tres años. La gran mansión del tío arrojó una hermosa sombra sobre la reunión de padre e hijo. Se había preparado pan, té y huevos para el desayuno, y estaba emocionado de disfrutar este momento. Volt había vivido en Benin desde que nació con veinte de sus tíos, abuelos, tías y primos. Felizmente saltó a través del tablero de la rayuela y pateó la pelota de fútbol.

"¿Estás listo para ir con nosotros a los EE. UU.?" Preguntó papá. Volt lo miró sin comprender. Papá intentaba a menudo hablar con él en inglés, pero Volt solo podía responder en francés. Êtes-vous prêt à partir aux États-Unis? Volt procesó esta pregunta lentamente. Vibraciones de nervios empujaban sus dedos de manos y pies. ¿Estaba listo para dejar su Tata y Tonton? Sabía que su padre quería que produjera palabras en inglés para la pregunta que hizo ... pero su boca se sentía como si estuviera llena de algodón y no podían maniobrar para salir. "¿Por qué el inglés parece tan difícil?" Pensó Volt.

Mientras reunía fuerzas para responder, papá sonrió rápidamente. "No te preocupes, hijo mío. Aún no es tiempo. Pero pronto, volarás solo para estar con mi madre y yo. Hemos trabajado duro para preparar la mejor vida allí para ti. Su padre lo abrazó y le susurró: "Dieux c'est toujour Ce qui fais". La trampa de algodón en la boca de Volt desapareció. Sus nervios se calmaron. "Oui," dijo. "Dios siempre sabe lo que está haciendo".

Surge, Charge y Volt habían oído hablar de "la buena vida" en Estados Unidos. La corrupción no existía. El dinero era fácil de ganar. La educación era excelente. La oportunidad era abundante. Instituciones famosas como Harvard, Princeton y la Universidad de Pensilvania habían creado un anhelo en sus pensamientos años atrás. El prestigio, la complejidad y la oportunidad que ofrecía la vida en Estados Unidos eran un terreno común con el que Kenia, Benin y Ruanda no podían competir. El deseo que ardía dentro de Surge, Volt y Charge estaba parpadeando. Unos años más tarde, cuando llegaron sus documentos para unirse a Estados Unidos ... fue abrasador. Aunque no se conocían en ese momento, sus caminos estaban conspirando para combinarlos en una corriente continua hacia la misma ciudad estadounidense a 11,946 km de distancia. "¡Sí ... Ndio! ¡Se avecinaban cosas buenas! " Sin embargo, en el momento en que salieron de sus aviones ... su entusiasta mecha fue ferozmente interrumpida.

Valor neto

Cuenca, Ecuador

4.969 millas desde Filadelfia

La evidencia fue producto de la división. "¡Hola Pa! ¿Trajiste mis espaguetis con atún? Eran las doce del mediodía y papá la recogió de la escuela para su almuerzo diario. En Cuenca, los estudiantes salen de la escuela para comer el almuerzo con sus padres. Cuando papá la dejó con mamá, ella sabía que lo volvería a ver para practicar voleibol. Los padres de Evidence se divorciaron, y la sonrisa diaria y la despedida de papá le proporcionaron una calidez adicional a su día. ¡Adoraba a sus padres!

Cerca estaba Cuenca Canopy, el negocio familiar de tirolesas. Los abuelos de Evidence crearon esta increíble oportunidad para los viajeros a Ecuador, y ella disfrutaba pasar tiempo allí cuando podía. Aunque la mayor parte de sus días los dividió pacíficamente entre la escuela, el hogar, el dosel y los de papá, Evidence esperaba con ansias un segmento sagrado del cielo: ¡la práctica de voleibol! De tres a cinco de la tarde, rodeada de montañas, clima fresco y hermosos paisajes, Evidence practicó con su equipo y perfeccionó el juego de voleibol.

Ella era conocida como una de sus mejores jugadoras. Todos los protagonistas de la vida de Evidence, incluida su familia, le habían enseñado que era el enfoque del "nosotros" y no el del "yo" lo que perpetuaba el éxito eterno. Aunque iba a varios lugares a lo largo de cada día, habían diseñado una cultura para apoyarla, sin importar qué. Cuando a su madre le dieron una visa para pasar seis meses trabajando en Ecuador y seis meses trabajando en los Estados Unidos, no fue una decisión que tomó a la ligera.

Tenía un excelente trabajo como secretaria. ¿Podría haber más oportunidades para ella y su preciosa hija en una tierra que nunca había conocido? ¿Estaba dispuesta a asumir la barrera del idioma que causaría más sudor y lágrimas que cualquier otra condición? Sus palmas ya estaban húmedas y su corazón estaba acelerado. ¿Dónde estaba la prueba de que desarraigar a su hija le proporcionaría el mejor momento de su vida? ¿Por qué querría considerar abrir la puerta a una vida de menos "nosotros" y más "yo"?

Allí no vivía ninguna familia. Su hija tenía una delicada edad de catorce años. ¿Moverla a Estados Unidos diezmaría su patrimonio neto? Mientras la madre de Evidence deliberaba sobre todos estos temores, respiró hondo. Con manos poderosas, marcó "sí" en el formulario de Visa e inscribió a su familia en los márgenes de riesgo. Mamá miró hacia las montañas que la rodeaban y repitió las palabras que solía usar para alentar a su hija: "Respira, mi hija ... Respira". Ella se arrodilló ... hizo la señal de la cruz ... y oró para que mientras le diera la noticia a su preciosa Evidencia, sus ganancias superaran su pérdida.

Cuarto cuarto

Filadelfia, Pensilvania
0 millas America

ReLita Clarke dijo: "Si puedes verlo, puedes serlo". Navigate definitivamente se sintió visto. Simplemente no tenía idea todavía de lo que se suponía que era. Los estudiantes de su nueva escuela secundaria lo habían estado mirando toda la mañana. Era el único estudiante africano de su clase y nadie le había hablado durante los últimos 180 minutos. Como una pista de carreras, los pensamientos volaban por su mente, uno por uno. "¿Qué están diciendo?" "¿Alguien aquí habla twi?" "¿Por qué ese escrito no está impreso?" "¿A dónde me está señalando mi maestro para que vaya?" "¿Vendrá más tarde a mi casa para enseñarme todo lo que no entiendo hoy?" Eso es lo que hace mi profesor en Ghana. Echo de menos Ghana. Mafe Ghana! Echo de menos a mi abuelo. Mafe Me nabarima!

Switch estaba solo. Cuando atravesó las puertas de la escuela esa mañana, tampoco conoció a otros estudiantes que hablaran francés o árabe. No tenía una libreta de direcciones con opciones de amigos. Había estado aprendiendo a trabajar por la noche en la pizzería de su tío y estaba ansioso por el entretenimiento que una nueva escuela podría brindarle. Mientras escuchaba a los ingleses arremolinándose a su alrededor, se preguntó si podía pedirle a la gente que bajara la velocidad. Mientras se sentaba en su primera clase, los anuncios resonaron en la televisión de la esquina. La gente decía cosas como "Buc Pride, Go Hard or Go Home, Soph Hop y Homecoming". Switch entendió que un nuevo idioma sería una montaña para escalar, pero ¿qué demonios era un Soph Hop? ¿A dónde iban a saltar? Y, por cierto, ¿por qué sus compañeros necesitarían tener algo difícil para poder irse a casa?

Fuel y Grit deambularon por los pasillos de este edificio y sonrieron. Habían pasado seis meses desde que habían asistido a la escuela en cualquier país y realmente habían disfrutado del tiempo libre. Su viaje de quince días a los Estados Unidos incluyó paradas en México, pagos policiales, noches frías, hipotermia, esperas en remolques, visiones traumáticas y un cruce final con otros veintiocho refugiados esperanzados. Habían pasado once años desde que habían visto a su papá y cinco desde que habían puesto sus brazos en los de mamá. Grit pasó meses asomándose por la ventana viendo a los niños caminar a la escuela todos los días, y sabía que un día, ellos también serían sus amigos.

Cuando llegó la oportunidad de ir a la escuela, se alegraron. Ambos niños se habían ganado su nombre en El Salvador mucho antes de su inesperado viaje a los EE. UU. Dieron la bienvenida a nuevos desafíos. Estaban listos para emprender una nueva aventura y ansiosos por "¡Que No Pare La Fiesta!" ¡Tiempo de fiesta!

Mientras Grit y Fuel deambulaban por los pasillos, se acercaron con confianza a un grupo de hermosas jóvenes almorzando. Fuel habló audazmente primero. "¡Hola hermosas damas! ¿Hablas español?" preguntó. Grit sonrió y se unió. —¡Me gustan tus ojos! Me gustan tus ojos ".

Las chicas rieron. "¡Si!" Fuel y Grit parpadearon. Perfecto! Cariñosamente, el tren de la conversación terminó allí. El primer día, aprendieron que una sonrisa era su lenguaje de amor y supervivencia. Caminaron de mesa en mesa, saludando a tantas nuevas amigas de ojos azules como lo permitiera este primer día de viaje en tren. En El Salvador, la gente nunca antes había visto ojos azules. ¿No eran todos los estadounidenses de ojos azules? Cuando Grit vio los ojos de cada persona a su alrededor, se dio cuenta de que esto era un mito. ¡Mirarlos a unos metros de distancia era muy diferente a la vista desde la ventana de su apartamento! Unos segundos después, una chica gritó con sarcasmo "¡Mexicano sucio!" Grit sonrió. No estaba seguro de lo que ella quería decir, pero su rostro estaba radiante. No importa lo que ella hubiera dicho, él estaba feliz. Finalmente, se había ganado nuevos amigos.

Mientras Plunge viajaba por el ruidoso pasillo hacia su clase después del almuerzo, la esperanza se desinflaba rápidamente. Su estrategia Hi-Chew había fallado miserablemente y el rechazo se sintió como un maremoto. Vio pasar a algunos estudiantes asiáticos. "¿Debería intentar hablar con ellos en chino?" pensó. Dio algunos pasos para seguirlos. "¡Quizás pueda escucharlos hablar primero! Por favor déjeles hablar chino ... ¡Por favor déjelos hablar chino! " Su corazón lamentó. Un caballero alto hizo contacto visual tímidamente con ella. "你 会 说 中文 吗？" preguntó. Por primera vez ese día, la emoción de Plunge aumentó. "是!" ella respondió. "¡Sí!" "Ven conmigo", respondió. "Sé exactamente a quién deberías conocer".

Chance suspiró. Hoy, había pasado de un movimiento incierto a otro. Primero, llegó demasiado temprano. A las 6:30 a.m., se sentó nervioso solo en el vestíbulo. "¿Donde está todo el mundo?" reflexionó. "¿No empiezan a las 7:00 am como nosotros?" Cuando vio a los estudiantes más jóvenes comenzar a entrar al edificio a las 7:10 a.m., Se sintió más desconcertado. "¿Estoy en el lugar correcto? ¡Soy un senior! " En la escuela de Chance en India, solo los estudiantes de 11 ° y 12 ° grado asistían juntos a la escuela. Todo este sistema al que llamaban "educación" en Estados Unidos ya no tenía sentido para él.

Cuando encontró su primera clase, la maestra le pasó su nuevo horario. "¿Por qué tengo gimnasia, cocina, ciencias y estudios sociales?" el pensó. "¿Y qué demonios es E.L.A.? "Elegí estudiar la corriente de Ciencias ... ¿Dónde están todas mis clases de ciencias?" A la derecha de la lista de materias había una escala de calificación. El nivel de alarma de Chance se disparó de nuevo cuando vio las descripciones de los grados. A- 90 a 100%. En V.R. Shah, los mejores triunfadores ganaron el 35%.

Mientras miraba los escritorios a su alrededor, fue impactante ver clases tan pequeñas. Estaba acostumbrado a tener al menos 40-50 estudiantes. Cuando sonó un sonido extraño para indicar un cambio de clase, Chance se congeló. "¿A dónde van todos? ¿Por qué se van? ¿No rotan los profesores? " Una sensación de pánico comenzó a establecerlo. ¿Dónde se suponía que debía ir después? Reunió sus libros e hizo todo lo posible por usar los tres idiomas que había aprendido para localizar su próximo कक्षा. Eran las 8:30 a.m. Al menos podría irse a casa a la una de la tarde ... o de nuevo, ¿verdad? Este estaba demostrando ser el día de partido más largo de su vida. यह मेरे जीवन का सबसे लंबा दिन है ।.

La evidencia golpeó la pelota de voleibol en la cancha en la clase de gimnasia. Era la primera vez en todo el día que podía conectarse con algo que amaba. Dejar a su madre en la oficina principal esa mañana se sintió como un crimen. La cinta de precaución había sido erradicada y ella estaba atacando este primer día lo mejor que pudo. ¡Sentimientos fallidos habían vivido sobre sus hombros hasta que vio esa pelota de voleibol! Algunas chicas se acercaron y dijeron "¡Buen golpe!" Para Evidence, sonaba como "Ish-Ish-Ish". Ella sonrió por fuera. Sin embargo, en el interior, el jurado todavía estaba emitiendo un veredicto sobre cuánto tiempo duraría en Estados Unidos.

Volt, Surge y Charge fueron los primeros en encontrar el salón de clases de inglés como segundo idioma. Charge estaba completamente desconcertado. ¿No planificó este programa cada parte del día como su internado? No había hablado en todo el día, lo cual era extraño para él. Echaba de menos hablar. Surge saltó detrás de él, con los brazos cruzados y temblando. No podía deshacerse de la ráfaga de aire frío que le quebraba los huesos cada mañana de invierno. ¡Este clima nunca existió en Ruanda! El algodón en la boca de Volt no se había podido disolver en todo el día. Muchos estudiantes le habían hecho preguntas. Preguntas realmente extrañas, como "¿Viviste entre los animales salvajes en África?" "Entonces, tienes caminos pavimentados y autos, ¿verdad?" "¿Tenías electricidad?"

Ahora eran las 2 de la tarde. Todos los demás estudiantes ubicaron el salón de clases de ESL, se desplomaron en sillas y estaban secretamente emocionados de que su primer día hubiese terminado. Sus espíritus estaban destrozados. Cuando su última maestra del día entró al aula, no se sorprendió por lo que vio. Pensamientos silenciosos. Cabezas apoyadas en brazos. Ojos cansados y llenos de derrota. Personalidades robadas. Esperanza perdida.

Sin embargo, en ese mismo momento, sonrió. Sabía que el cuarto trimestre, o el viaje final en su oportunidad aquí en Estados Unidos, apenas comenzaba. Sabía que las victorias, los desafíos, los triunfos y los fracasos que experimentarían durante este capítulo, antes de dirigirse al mundo de los adultos, los prepararían para lograr todo lo que sus familias habían esperado. No se les permitió cerrar ese capítulo hoy. Simplemente no lo sabían todavía.

Al echar un vistazo a este grupo de jóvenes coloridos, resistentes, agudos y poderosos, supo que el equipo que había preparado para liderarlos estaba listo. Sacó cuatro cuartos y los colocó sobre la mesa. Escribió una palabra debajo de cada una: lectura, escritura, comprensión auditiva y expresión oral: cómo hablar inglés. Los ojos del estudiante se agrandaron y se mostraron interesados. Algunas sonrisas incluso comenzaron a asomarse por debajo de sus ceños fruncidos.

Luego comenzó a escribir en la pizarra. Mientras escribía las palabras, dijo "Bienvenido a ESL. Soy tu maestra, maestra, professeure, mudaris, مدرس, adhyaapak, अध्यापक, Lǎoshī, 老师.

Hoy, ha pasado por una tensión cerebral. Ha escuchado 150 palabras por minuto, en un idioma diferente, durante las últimas seis horas y media. Si mis matemáticas son correctas, eso es = 58,500 palabras. Sé que estás cansado. Sé que te sientes débil. Pero les prometo que antes de que salgan de este salón de clases, tendrán todo lo que necesitan para ganar ese primer dólar. Señaló una pancarta que colgaba prolijamente en el tablón de anuncios. Gritó audazmente "¿Cuál es tu plan?" Pidió a cada estudiante que se pusiera de pie. Luego dijo:

"En esta escuela, nos graduamos. En esta escuela, te damos el aire que necesitas cuando te sientes como en este país y todo lo que hay que aprender te está sofocando. Eche un vistazo a este banner. Es sagrado para nosotros. Otros antes de usted se han ganado el honor de firmarlo el día de la graduación. Y un día pronto, tú también lo harás. Soy tu profesor. A partir de este día, siempre estaré orgulloso de ti ".

"Siempre estoy orgulloso de ti. Je suis toujours fier de toi. أنا دائما فخور بك.我 一直 為 你 感到 驕傲 。 मुझे हमेशा आप पर गर्व है I. Siempre estoy orgulloso de ti ".

Aunque no se entendieron todas las palabras en ese momento, la energía en la habitación cambió. Los nervios de Surge, Charge y Volt se calmaron. Empezaron a hablar francés. Switch estaba emocionado. ¡Su tensión cerebral había terminado! Se unió a ellos con entusiasmo y gritó ¡Attendre! Je parle français aussi!

Navigate miró gentilmente al grupo que lo rodeaba. Hoy por primera vez, nadie lo miraba. Evidence miró a Fuel and Grit y empezó a hablar español. ¡Grit le recordó de inmediato cuánto amaba sus ojos! Fuel puso su mirada en Plunge. "¡Hola hermoso! ¿Hablas español? Sabes que yo también soy de Taiwán, ¿verdad? Plunge le quitó los ojos que había posado todo el día y se echó a reír. Chance miró alrededor de la habitación y sacó ese horario. "¿Profesor?" él dijo. "¿Qué demonios es un 90%?" El profesor sonrió. El hielo se había roto y el reloj seguía corriendo. Era hora de abrazar a Estados Unidos.

Bolsillo Tresero

Cuando el tren chocó, todos lo sentimos. Quizás no físicamente... pero con una fuerza de marea que rápidamente desenterró un dolor para el que ninguno de nosotros estaba preparado. De Ghana a Ecuador, de Benigno a El Salvador, de Líbano a Taiwán, de Gujarat a China, de Birmania a Kenia... fuimos heridos. Esta sacudida de agonía viajó por una variedad de caminos: mensajes de texto, llamadas telefónicas, redes sociales, visitas policiales o en persona. Sin embargo, no importa en qué idioma recibimos la noticia, no parecía tangible. Nancy estaba muerta. نانسي كانت ميتة Nancy était morte. નેન્સી મરી ગઈ હતી. Nancy estaba muerta. Nancy estaba muerta.

Embrace entró en la escena del accidente, lista para ayudar a la unidad a salvarla de esta tragedia. Su bolsa de lona estaba llena de dispositivos listos para ayudar. Los helicópteros zumbaban arriba y los trabajadores ambulatorios corrían rápidamente por las vías. Corrió con ellos. Las gasas, férulas y equipos de signos vitales estaban listos para ser dados de alta. Mientras se acercaba a las vías del tren, los oficiales le hicieron señas para que se acercara. Su corazón dio un vuelco cuando negaron con la cabeza. La víctima había muerto. ¿Nombre? Preguntó. "Nancy", respondieron. "Una joven hispana. Estamos trabajando para encontrar el apellido y luego la familia ".

A unos metros de distancia estaba el bolso de Nancy. Embrace se dirigió en esa dirección y rápidamente recogió sus pertenencias. Sabía que estas serían las memorias codiciadas de sus padres. Mientras inspeccionaba las baratijas del interior, jadeó. Una identificación con fotografía de la universidad reveló su apellido. Ella era su ex compañera de clase. Su firma estaba en la pancarta de la clase, junto a la de él. Las tragedias, los triunfos y los fracasos que experimentó ahora dejaron esas huellas. Cuando una sola lágrima rodó por su mejilla de piel clara, supo que se reservaría tiempo para llorar más tarde. Por ahora, tenía que entrar en acción.

"Conozco a esta chica", explicó el oficial. "Soy bilingüe. Sus padres todavía están aprendiendo inglés. No van a entender lo que ha sucedido. Este será el peor momento de su vida. Por favor ... por favor déjame ayudarlos ". El rostro del oficial Stout se derritió. "Eres la respuesta por la que he estado orando", respondió. ¡No tenía idea de que eras bilingüe! ¿Por qué no compartiste esto conmigo antes? ¿Cuánto tiempo ha estado guardando este tremendo activo en su bolsillo trasero? "

Por un breve segundo, los ojos de Embrace brillaron. Nadie en la comunidad había reconocido formalmente su segundo idioma como una ventaja. Se volvió más orgulloso de su habilidad que nunca. Sin embargo, al mismo tiempo, su corazón roto se estremeció de temor y empatía.

"¿Ves ese grupo de personas de allí?" susurró el oficial Stout. "Durante las últimas dos horas, hemos estado tratando de comunicarnos con ellos y compartirles que su hija ha muerto. Ni siquiera sabemos si son sus padres. Aquí nadie habla español y conseguir un intérprete en nuestro pequeño pueblo es casi imposible. Si, si y si. Por favor. Ayúdanos a ayudarlos ".

Embrace miró al otro lado de las vías a la familia llorando, confundida e indefensa, que caminaba frenéticamente y suplicaba, en español, que le permitieran subir a las vías del tren. No estaban seguros de cuál de sus hijos había resultado herido, pero sabían que algo andaba terriblemente mal. Caminó tranquilamente hacia ellos y se preparó para dar la noticia.

Buenas tardes a todos. Mi nombre es Embrace, y soy un técnico de emergencias médicas. Estoy aquí para contarles, con el corazón roto, lo que ha sucedido hoy aquí. Su hija ha tenido un terrible accidente de tren.

Lamento mucho la muerte de tu hija. Lo lamento mucho.

Fabricado en EE. UU.

Wilmington, Delaware
52,2 km desde Filadelfia

Embrace nació en Wilmington, Delaware el 18 de mayo. Su madre era de Uruguay y su padre de Estados Unidos. Desde el momento en que nació, sus padres le otorgaron el precioso regalo de compartir sus idiomas para hacerlo bilingüe. Cuando ingresó a la escuela primaria, compartir con sus amigos que hablaba dos idiomas se convirtió en su truco de fiesta favorito. En su mente, no parecía hispano. No poseía acento. Fue aceptado constantemente, nunca rechazado y se asumió que era bastante inteligente. Había muchos niños en su escuela: negros, marrones y blancos. Sin embargo, siempre tuvo una aceptación y una conciencia que sus pares estadounidenses no tenían. Que había un mundo enorme allá afuera, lleno de costumbres, idiomas, tradiciones y creencias que eran diferentes a las suyas.

A medida que se convirtió en un hombre joven y abrió los ojos para apreciar la difícil situación de los demás, se preguntó por qué sus compañeros de la escuela secundaria a menudo cerraban la puerta al enterarse de cualquier persona, cualquier cosa o cualquier lugar que fuera diferente a ellos. Nunca se programó oficialmente para la clase de ESL en la que había participado Nancy, pero era uno de los orgullosos estudiantes a los que se les pidió que lo visitaran. Sus apariciones proporcionaron una red de seguridad para que Nancy y sus compañeros desarrollaran su inglés.

Cada semana, se unía a ellos en la práctica de preguntas sociales, escuchando sus respuestas y riendo ... y vaya que se rieron! Nancy y él se habían convertido en grandes amigos. Ella estaba dispuesta a probar su mate, compartir almuerzos de empanadas y celebrar su cumpleaños con pastel de miloja. Su aliento fue una luz que la ayudó a ella y a todos los estudiantes de ESL a navegar su camino hacia el éxito. ¡Su aliento le recordó que debía seguir estando orgulloso de su truco de fiesta favorito!

Había otros estudiantes, que también eran bilingües y nacidos en Estados Unidos, a quienes conoció en el camino. Algunos de ellos necesitaban beneficiarse de la clase de ESL y otros no. Juntos, se dieron cuenta a una edad temprana de que "la belleza del mundo radica en la diversidad de su gente". ¡Y lo celebraron! En este salón de clases, Embrace confirmó que las personas que hablaban diferentes idiomas no estaban discapacitadas. Estaban ganando activos. ¡Gritó en voz alta con sus maestros mientras trotaban por ese escenario de graduación!

Embrace aceptó que a medida que ganaran sus primeros "dólares" y se unieran al mundo de los adultos, habría otros que veían el aprendizaje del inglés como una falta de inteligencia. Estaba agradecido de que sus padres no le hubieran inculcado este rasgo. Cuando salió de los terrenos de la escuela en su último día, no estaba preocupado. Él y sus compañeros exalumnos esperaban convertirse en una gran fuerza en el mundo para ayudarlos a cambiar de opinión.

Brillar

4 años después del día de la graduación

La maestra se paró frente a la procesión de dolientes que se habían reunido para honrar a Nancy. Los seres humanos de todas las edades, todas las razas, todas las mentalidades y todos los ámbitos de la vida se sentaron llorando. Es irónico cómo la tragedia crea esta calle de sentido único. Detrás de la maestra, imágenes de la infancia de Nancy se entrelazaban con música suave, reconfortando a las almas que luchaban por celebrar su vida. Las fotos de su tiempo con mamá, papá, Leo, Grit y Fuel en El Salvador mostraban un paraguas de felicidad. La maestra le indicó a Embrace que tradujera y se uniera a ella junto al espacio angelical, blanco y nítido en el que Nancy descansaba.

Con ojos fuertes y el corazón lleno, comenzó a hablar.

"Para nosotros, el tiempo de Nancy en los EE. UU. Fue engañado. Pero alguien dijo una vez: "Nunca subestimes el impacto que puedes tener en la vida de otra persona". Yo, junto con usted, somos miembros de una familia de élite que ha tenido el honor de ser impactados por la onda de esta joven vibrante, tranquila, resistente y hermosa. Las tranquilas aguas que exhibió a los demás nunca destacaron las tormentas que aguantó con sus padres para tocar y entrar por la puerta de este país.

"Nancy tenía dos años cuando papá tomó la valiente decisión de hacer un viaje de 22 días a los Estados Unidos. Durante sus años de infancia, él y mamá se aseguraron de que él visitara El Salvador cuando podía, mientras les brindaba una vida segura, sin traumas y fructífera. familia. El tiempo que pasó trabajando y viviendo en los Estados Unidos no estuvo exento de sacrificios. Mientras otros padres y sus hijos se arremolinaban a su alrededor, solía llorar por los momentos que sabía que se estaba perdiendo con su princesa.

Cuando Nancy se convirtió en una adolescente, él y mamá supieron que un nuevo reloj estaba corriendo. Los depredadores que esperaban la oportunidad de reclutar, traumatizar o secuestrar a adolescentes a la edad de quince años comenzaron a acechar en el vecindario de Nancy. Mamá fue atacada por un joven pandillero con una pistola por dinero. Las llamadas telefónicas amenazantes comenzaron a nublar sus días. Las pandillas se dieron cuenta de que papá estaba en la tierra del "hermano del norte". Estaban preparados y listos para apuntar a la joven Nancy. Cuando Nancy cumplió los quince, sonó la alarma de los padres: se acabó el tiempo.

Nancy emprendió el viaje de entrar a la tierra de los EE. UU. Con tristeza y temor. Ella no quería venir aquí. A sus ojos, ¡el "hermano del norte" no era un hermano para ella! Sin embargo, lo que estaba en el norte era su papá. La idea de eliminar la distancia entre ellos le permitió aprovechar la oportunidad de llamar a una nueva puerta, un nuevo idioma, una nueva escuela, una nueva vida.

Con otros 22 salvadoreños, ella y mamá empacaron algunos artículos y se escaparon de su país. El viaje fue largo y peligroso. Tierras de cadáveres, huesos y policías siguieron su rastro. Las horas se transformaron en días sin comida ni agua. Mamá y su princesa encontraron el coraje para enterrarse en la tierra del desierto para protegerse cuando era necesario, y resucitar su fe después de estar colgadas, durante horas, en la rejilla inferior de un autobús en movimiento sin aire. Hubo momentos en los que Nancy dijo: "¡Déjame aquí! ¡Ya no haré esto! " Mamá respondía "Canta conmigo, hija. Pronto, también cantarás con papá. Canta conmigo, hija. Pronto, también estarás cantando con papá ". Con ojos agotados, la madre de Nancy comenzó a cantar su canción favorita:

"Creere, creere, oh ... Creere, creere, oh, oh, ah! Creeré, creeré, creeré, ¡oh! "

Cuando la maestra miró a las almas andrajosas que estaban frente a ella, un pequeño fragmento de luz solar comenzó a brillar a través de la habitación. Destacados y colocados en varios asientos y taburetes, fueron los resultados del impacto de Nancy. Mientras Navigate se fundía en la silla de la última fila, alzó los ojos. Se había tomado el día libre de su puesto de contador de personal en el juzgado para honrar a su amigo. Fueron sus palabras de aliento las que a menudo lo habían ayudado a superar esos días en los que sentía que todos los ojos lo juzgaban.

"¿Crees que ella puede oírnos?" susurró Switch.

Navigate colocó suavemente su mano sobre el hombro de Switch. "Hago."

Cuando Switch envió sus oraciones al ángel más nuevo del cielo, le agradeció por celebrarlo en su codiciado día de graduación. Esa experiencia lo había impulsado con la confianza que necesitaba para lograr el éxito en la Universidad de Temple y ascender para ganar su puesto actual como ingeniero en el Departamento de Aviación. Sabía que sus palabras y pensamientos volaban hacia ella en este momento, y por eso estaba agradecido.

Switch miró a Plunge. Ella y Nancy habían sido mejores amigas. Juntos abordaron el inglés con humor y se sintieron seguros al compartir sus secretos escolares diarios. La carrera de producción de videos en la que trabajaba Plunge era algo que había compartido con Nancy años atrás. Sabía que aunque ese día era uno de los más difíciles que había encontrado, Nancy querría que se esforzara por llegar a su destino.

Las lágrimas brotaron de los ojos hundidos de Evidence. Había querido sentarse en la primera fila con Fuel y Grit, pero sus respetables trajes oscuros y miradas angustiadas conmovieron su corazón hasta la médula. Nunca había visto a sus dos alegres amigos favoritos tan inconsolables. Sabía que en este momento, estaban vertiendo de una taza vacía. Necesitaban espacio para llorar. Su título en Estudios Internacionales nunca podría haberla preparado para este momento de su vida. ¡Ella y Nancy tenían grandes planes de viajar juntas por el mundo! En su honor, se aseguraría de cumplir esos viajes.

Surge, Charge y Volt se apoyaron contra la pared del fondo en el espacio de duelo. Surge, ahora auditor interno con alto rango, luchó para explicar las causas de esta tragedia. Su trabajo diario con los datos siempre le ayudó a darle sentido al mundo. "¿Crees que hubo causas del accidente que no se han examinado?" le preguntó a Charge. La formación en salud mental de Charge pasó inmediatamente a la vanguardia. Sabía que no había lógica para explicarle a Surge por qué de repente llamaron a Nancy a un lugar más alto. Él sonrió y dijo en voz baja "Siento mucho que estés sufriendo, hombre. Saldremos de esto juntos ".

Volt se unió a sus camaradas y estuvo de acuerdo. Escuchar la noticia de la muerte de Nancy fue un duro golpe. Jugar al fútbol con ella era uno de sus recuerdos favoritos de la escuela secundaria. Mientras enseñaba a sus alumnos de preescolar, un mensaje de voz de su maestra le había pedido que la llamara. La conversación que siguió atormentó inmediatamente su espíritu. Unos momentos después, sus alumnos de preescolar lo abrazaban y decían que esperaban que su "boo-boo" se sintiera mejor muy pronto. El resto fue borroso. Se preguntó cuánto tardaría en curarse.

Mientras Chance veía lentamente la desesperación que se estaba apoderando de la habitación, recordó una cita importante. "Aunque hoy es difícil ver más allá del dolor, que mirar hacia atrás en la memoria te ayude a reconfortarte mañana". Antes de asistir hoy, había pensado en formas de consolar a esta comunidad. Como gerente y líder de varias unidades de Dunkin Donuts local, sabía que la comida y el café podían suavizar, calmar y celebrar cualquiera de los momentos de la vida. Estaba contento de que podía proporcionar este pequeño regalo de consuelo al mar de dolor que se agolpaba ante él.

Grit gritó. Se suponía que se había unido a ella en el tren esa mañana. ¿Por qué alguien me quitaría a mi hermana pequeña? ¿Por qué alguien me quitaría a mi hermana pequeña? Como operador de montacargas, estaba acostumbrado a levantar cargas pesadas. Hoy, no tenía maquinaria para cargar con la pesada carga sobre su corazón. Fuel sollozó junto a él. Su vida, tal como la conocía, había cambiado para siempre. Como mecánico de automóviles, sabía cómo ensamblar y curar cualquier automóvil que funcionara mal. ¿Cómo iba a reparar esto?

Momentos después de que la maestra terminara su sermón, ambos niños sintieron que los brazos se formaban alrededor de ellos. Fue en ese momento de implacable dolor que se dieron cuenta: su familia bilingüe estaba presente. Su resistencia fue inquebrantable. Como siempre, estaban listos para participar y guiarse mutuamente a través de los días tumultuosos que les esperaban. Por primera vez en semanas, Fuel y Grit tomaron aire y sonrieron. El rayo de luz que pensaban que había desaparecido para siempre, aún podía brillar sobre todos ellos. Nancy les había recordado lo que estaban en peligro de olvidar: que cuando trabajaban juntos, este grupo era imparable.

Llévame A Casa

Mi sueño era venir aquí
Pero poco sabia
Que hoy ... si, hoy ... mi guía me recogería
Hora de irse.
¿Ir a donde? Pensé ... esto era realmente un sueño
Para mi vida de diez años, como sabía, ya no era lo que
parecía.

1,450 millas por delante
Se levantó la montaña de oportunidades que deseaba ...
1,450 millas por delante
En pie la bandera que siempre admiré.

57 horas de viaje en coche.
2 días de caminata.
¿No parecía muy lejos?
"¡Levantate!" él gritó. Es hora de pasar.
"¡Vamonos!" Susurró mami. te quiero.

Me tomé un momento para pensar en todo lo que
sobrevivimos.
Sin duchas, cero juguetes y sin coche para conducir

Viajamos muchas millas con la ayuda del sol sonriente
Con la comodidad de las suaves gotas de lluvia, nuevos
amigos y pensamientos de nuestros seres queridos.

A medida que esa bandera parecía más cerca y mi nueva
vida iba a nacer
Mamá se inclinó y anunció: "Veremos a papá por la
mañana".

Sonreí y pensé en mi "papá" que amaba.
Nunca lo había conocido, el hombre del que estaba más
orgulloso.
Se ahorraron 21.000 dólares para traernos aquí.
Nos envió cada centavo durante los últimos diez años.

Esperándonos ... sí lo estaba.
Esperándonos… con los ojos llenos de abrazos.
"Apurense" el guía envió un mensaje… nuestros teléfonos
estaban en silencio.
Era hora de pasar. Nuestro momento final.

Mi corazón de diez años latía tan rápido como podía.
Tomado de la mano de mamá, como prometí que haría.
Caminamos hacia la tierra acogedora y caminamos un poco
más.
Recogido por una camioneta, un poco inseguro.

"Buenas Noches", exclamó Papá cuando nos detuvimos en
su lugar.
Mami sollozó lágrimas de alegría. Finalmente pudieron
abrazarse.

Miré a mi alrededor en esta nueva vida mía.

Sin idioma, sin tradiciones, no estoy seguro de lo que encontraría.

Este período de espera de diez años que habíamos soportado.

Hizo que algunas personas pensaran que mi aventura debía ser ignorada.

Mi esperanza es que algún día hablaré ...

Un idioma inglés que amo y obtener una educación que busco.

Extraño mi país, mi familia, mi escuela.

¡Este nuevo lugar al que llamas América tiene reglas muy diferentes!

Por favor respete, acepte y admire a la joven que soy.

Porque mi viaje comenzó con las mismas ideas, similares a las del presidente Abraham.

Una oportunidad para conocer amigos, difundir el amor y crecer.

Una oportunidad de unirte a tu mundo y compartir lo que sé ...

Que Estados Unidos es el hogar de los valientes y la tierra de los libres ...

Y mi Mami, Papá y yo finalmente podemos ser una familia.

Epílogo

Siempre Estoy Orgulloso de Ti

¿Alguna vez te has visto atrapado en una tormenta inesperada? ¿Sabes, en un momento el sol brilla, y noventa segundos después, una gran ráfaga de viento sopla, los cielos se abren y estás parado, sin equipo, bajo miles de gotas de lluvia que caen del cielo? Ahora, imagine que este escenario se convirtió en su vida, durante meses, o posiblemente algunos años, ocho horas al día ... cinco días a la semana.

El 91 por ciento de las gotas de lluvia están en un idioma con el que no está familiarizado. 150 gotas descienden sobre el lado izquierdo de su cerebro, por minuto. Al final del día, su hemisferio izquierdo ha intentado procesar al menos 7.000 de ellos, en un idioma que está aprendiendo. Por cierto, si aterrizas en Filadelfia, es posible que sientas que estás sobreviviendo a un derecho diario, porque según un artículo de The Atlantic, Pensilvania se ubica en el decimoséptimo estado de habla más rápida del país.

Cada día, mientras se prepara para la tormenta, se vuelve más equipado. Durante los primeros años, mientras llueve durante horas, miras a otros para que te presten sus paraguas extra grandes. Ellos traducirán, usarán menos palabras y más imágenes, responderán sus preguntas, mostrarán una cálida sonrisa mientras se lleva a cabo la lluvia de ideas y le brindarán recursos para ayudarlo cuando las bolas de tormenta se sientan como rocas pesadas que se estrellan. Nunca te dejarán fuera para que te las arregles solo.

Sepa que con el tiempo, la tormenta se reducirá en tamaño y duración. A medida que lo atraviesa, su paraguas se convertirá en el suyo. Sabrás cuándo tiene que subir a pedir apoyo, cuándo puede colgarse de tu muñeca, por si acaso, y cuándo puede permanecer en tu coche durante meses porque no hay mal tiempo.

Confíe en que, con el tiempo, la lluvia golpeará su mente bilingüe fuerte y experimentada y se evaporará rápidamente. El 91 por ciento de las palabras que escuche estarán en un idioma que ahora comprende. 150 palabras por minuto se procesarán como bombillas brillantes. Al final de cada día, espera la tormenta de mañana. Porque tu vida ya no se trata de sobrevivir ... ¡se trata de bailar en ella! No importa cuánto tiempo te lleve aprender a bailar, siempre estoy orgulloso de ti.

Sra. Bitner

Printed in the USA
CPSIA information can be obtained
at www.ICGtesting.com
LVHW060300080524
779571LV00006B/60

9 781398 418912